幻花—音楽の生まれる場所

佐藤聰明
Sato Somei

燈台ライブラリ
4
洪水企画

目次

幻花

――音楽の生まれる場所

幻花　――音楽の生まれる場所

かすかな音がした。

黒い雲がたれこめ、煙るような霧雨が降っている。

晩夏のアウシュビッツ収容所は、森閑として人影がなかった。

灰色の土がむきでていた土地も、いまは芝生に覆われ処々に花の群もあり、家畜小屋のように整然と並んだ収容所の印象を、よほど柔らかにしている。

時間とはまことに儚い。

この青々とした芝生を見れば、かつてこの場所で、人間の存在意義のことごとくを否定する暴虐がなされたとは、なかなか想像しえぬ。その気配を七十年余りの歳月が風化させている。

かすかな音がした。

耳を澄まさねば聴こえぬほどの音である。その音に導かれるように、ゆっくりと歩を進めると、やがて一棟のバラックに行きついた。

鍵の壊れた扉が、風に軋む音だった。

正直、幽冥のひそやかな声のようにも聴こえ、しばし息を殺すようにして佇んだ。

内部は無人で、他の収容施設と同様に木製の三段ベッドが隙間なく並び、奥には水道とむきだしの便器がある。その他には一切何もない。

――軒をつたう雨音、静寂。

アウシュビッツを想いだすたびに、あの扉の軋む音が幻声のよう蘇る。まるで前後《あとさき》のない夢のようだ。


人類は文明を築く以前から戦争と虐殺を続けてきた。慣《ならい》といっていい。

吉野ヶ里遺跡から腹部に十本の矢を射られた人骨が発掘された。まさに人間の残虐性の証のように思えた。

人の憎しみに果てはなく、憎しみを霧散させるいかなる手だてもない。

老子は武器を「不祥の器」といい、これを執り人を殺してはならぬ、と訓えた。

人を凶するゆえに、やがて凶器とよばれた。

「やむなく戦わねばならぬ時には、かならず悲哀と葬礼の儀をもって戦場に臨まねばならぬ。人を殺めるのは大なる禍事《まがごと》であり、たとえ勝利をおさめてもそれを美としてはならぬ。美とするのは殺戮を楽しむがゆえである」

と、諭した。

人には残虐を好む癖《へき》がある。

心に巣食う禍事を「蛮性」という。あらゆる禍事はこれによって生じるからである。

アウシュビッツの看守や兵士も、家庭に戻れば平凡でごく常識的な人々であったという。だが彼らは平然と囚われ人の人間性のすべてを蹂躙し、倦むことがなかった。

戦争は狂気の巨大な渦だ。この渦に巻きこまれたらおのれ自身が狂気を発せねば生き永らえない。敵を討つことが身を守るすべであり正義である。

もしも私がアウシュビッツの兵士の一人であればと考える。

たとえ本意ではないにせよ、彼らと同じふるまいをするだろうか。

あるいは良心の呵責に耐えかねて、自らを縊り殺すだろうか。

戦争という狂気の世界において殺戮を楽しみとするようになるのだろうか。

それとも肉体の脆さ命の儚さにおじけつき、わが身独りの延命を画策するのだろうか。正直、その場においで私が何を思いいかなる行為をなすか判らない。

それはまたすべての人間にいえることだ。

高校生のころ南方から帰還した友人の父親が、「聰明さん、人の心は解らないよ」と緑茶をすすりながらつぶやくようにいった。

「人間は極限に置かれると、いかなる善人も鬼になる。人間の本性は畜生だということがよく解った」

兵站の道が断たれ飢餓地獄とかした南方の孤島で、一椀の食物を奪いあい傷つけあうのは日常のことで、しかもそのことに誰もが口をつぐんだ。明日は我身という切実な恐怖心があったからだ。

そして「心のとてもきれいな人がいたけれど」と口ごもり、その人のことについては何も語らなかった。

アウシュビッツのブルドーザーで穴に捨てられる屍の山に、私のぼろのような死体が混じっていなかったのは、宿命のわずかな隔りでしかない。それを思うと人間存在の真義が心底解らなくなる。

だが生死にいかなる意義も見出しえず懊悩したところで、大疑の迷宮からは脱けだしえない。それが万古変らぬ人間なのである。


蛮性は誰にもある。

嗜虐、嗜壊、憤怒、憎悪、嫉妬、侮蔑、際限のない欲望というものは、ことごとく蛮性の一部であり、この蠢動してやまない混沌としたエネルギーの坩堝を、私どもはかろうじて理性の蓋をして箍《たが》を締めているのにすぎぬ。

古来、蛮性を和らげ払拭するあまたの道が説かれたが、ついに一つとして奏功したものはなかった。

宗教がそうである。

すべての宗教は生死という人類永遠の大公案の上にたてられている、無私という慈しみの愛こそが、平和と魂の調和をもたらし、死を克服する要であると訓える。

しかし宗教ほど不寛容なものもあるまい。蛮性の箍を弛めこそすれ、それを和らぐ一縷《いちる》の援けにもならず、しかも他宗への嗜虐的な憎悪という歓びを教えた。

西洋音楽の母体はキリスト教である。

キリスト教音楽は神を讃美し、神の赦しを乞うために書かれる。

キリスト者の真の回心と無上の歓びとは、神の恩寵を自覚することである。この自覚をえることがキリスト者の本義であろう。

キリスト教は明確な原理を持った宗教である。

しかし原理というのはそれが鮮明で強固であればあるほど、それと信条を異にする他者を排斥する作用がある。たとえ同じ神を奉じてすら、教えや解釈のわずかな違いによって、万古の仇敵のごとく憎みあい争う。それは歴史の訓えるとおりだ。

ベートーベンの第九交響曲の終楽章も、神の恩寵を授かった者の大いなる歓びの讃歌だろうが、歓びが大きいほどその陰には、これに対峙する者への憎悪が深まる。無論ベートーベンにとっては迷惑な話でしかないが、原理に支えられた信仰ほど偏狭な心を生み、およその禍事の基《もとい》をなす。


仏陀も殺生を戒め、覚醒に至る道を啓いた。

仏法が説かれて由来二千五百余年、はたしてどれほどの修行僧が辛苦を超えて、悟達の境地に寸毫でも近づきえたのかと問われれば、これほど頼りない話も世にないであろう。

宗教は戒律の上になりたっている。

戒律のない宗教はありえず、出家には重い戒律が課せられた。

蛮性を和らげ容易に顔を出さぬよう押しこむためにである。

しかしいつ頃からかは知らないが、妻帯肉食有髪の僧侶があたりまえになり、在家と何らかわりがなくなってしまった。もはや戒律など無きに等しい。

それほど人の心とは薄弱で魑魅魍魎が跋扈する奇怪至極であり、蛮性を和らげることがいかに難しいかという証左であろう。

時間とはまことに儚い。

過去の奇禍災厄のことごとくを忘れさせ、記憶を風化させる。

ゆえに人類は何ごとも学ぶことなく、幼いまま年老いてしまい、薄暮の岐《ちまた》に親を失った子のように佇む。

不都合なことに芸術家の創造性というものも、どうやら蛮性の領域にある。

岡本太郎氏は「芸術は爆発だ」と叫んで眼をむかれたが、芸術家を創作に駆立てる衝動は、その混沌とした場所から放射される一閃の光芒ではないか。

美を追い求める芸術家の心理はまさに狂気である。

ただひたすら一つのことにのみ全神経を傾注し、形なき形を観、音なき音を聴き、姿なき姿を具現しようとする妄執は、阿修羅のごとき狂気がなければなしえず、しかも創造と破壊を繰り返さねば新たなる美は捉えられない。


稚いころ母の知合いに、沼倉さんという初老の画家がおられた。まことに純朴な印象をあたえる方で、小太りの体から優しさがあふれるようだった。

沼倉さんのことを想うと、どういうわけか縮れた長髪を風になびかせ、古い自転車に乗っている姿が眼に浮かぶ。

子供ながら沼倉さんの絵が好きだった。

茶色を基調とした風景や人物絵に枯野のような孤独とわびしさがあり、心を鎮ませる悲哀を覚えた。

母に連れられて一度だけアトリエを訪ねたことを、いまも鮮やかに記憶している。

大きなキャンバスを前にして、沼倉さんは熱心に筆を執られていた。白い洋服を着た若い女性が腰掛けている絵である。

声をかけるのがはばかられるほど空気が張詰めていた。

シュシュと絵筆を刷く音とチンチンと鳴るダルマ・ストーブの薬缶の音が、さらに静寂を深めた。

体を丸め眼をいからせて一心不乱に筆を運ぶ姿は、私の知っている沼倉さんとはまるで別人だった。体もひとまわり大きく見え、背中から妖気が焔立つようだった。

「この人は気がふれたのではないか」

母の背に隠れるようにして、灰色の古い仕事着の沼倉さんの後姿を、恐る恐る眺めた。

しばらくして筆を止めると、ゆっくりとふりむき、そして初めて私どもがいることに気づいて、こぼれるような笑みをたたえた。

あの鬼神に憑かれたような姿と、キャンバスの優しい微笑を浮かべた女性の絵とはどうしても結びつかず、私は呆けたように絵を見つめていた。

高窓から差込む柔らかな冬日の下で近作を何枚か見せてくださったが、どの絵にも静謐な安らぎと浄らかさを覚えた。

きっと、と私は稚い頭で考えた。

「きっと、絵というものは魂を搾るようにして描かれるのではないか」

この稚い直感は、さほど的を外れていなかったことを、作曲を志すようになって思い知らされた。

「沼倉さんは変な人だ」

と、それからしばらくして伯父がぽつりともらした。

伯父の居間には素人が描いた絵が飾ってあった。レモンが二個描かれたパステル絵である。ある日沼倉さんがふらりとやってきて、熱心にそのパステル絵を眺めていった。

その翌日再び沼倉さんがやってきて「あの絵をもう一度見せて欲しい」というなり、長時間まさに食入るように凝視していたという。

その時沼倉さんが何を思い、なぜその絵に執着したのかは判らない。

沼倉さんが亡くなってから母は、「あの人ほど無垢な心を持った人を見たことはない。ただ一途に絵を描くことにのみ専心し、世俗的なひとかけらの邪心もない人だった」と言った。私も沼倉さんのことを想うと、心の底に浄らかな微風がそよぐ気持ちになる。そして創作の執着心は沼倉さんに到底及ばないことを愧じる。

しかし芸術はまことに業が深い。罪穢に塗れているといっていい。

私は六十を過ぎて初めて美を求める性根の恐ろしさを識った。

美を求める心はまことに量りしれない。

美という訳のわからぬものを追い求めるには、おのれの心を蹂躙するほどのはなはだしい我執がなければ創造力は生まれない。

狂気にまみれるほどの執着心がなければ、美の正体を見抜けない。

美という得体のしれない幻花に惑わされ心魂を奪われて、古来どれほどの芸術家が身を滅ぼし無念の死を迎えたかを思えば、美はまさに人類の仇敵ではないか。

しかも困ったことに、この仇は人によって皆風貌が異なる。千人の芸術家には千人の異なる仇がいる。

美は、美という名詞でしかなく、はたしておのれの希求するものが美の名にあたいするか本人にすら判然とせず、この道はまことに無明としかいいようがない。


仏陀は芸術をどのように観ていたか。

答えはじつに簡潔で、

「修行に障りのある無用なもの」

と、まことに身も蓋もないものに違いない。

経典にそのような言葉があるのかしらないが、仏陀ならかならずそういうだろう。芸術はぬきさしがたい迷妄と苦を生む種子に他ならないからである。

仏陀は「五蘊《ごうん》の迷妄を破れ」といった。

五蘊とは「五つの集ったもの」の意で色受想行識のことである。色とは身体、受とは感覚、想とは識別、行とは意志、識とは認識判断を意味する。仏陀はこの五つの要素が人間のあらゆる苦しみの因子であり、そこから解脱せよと説いたのである。

しかし五蘊こそ人を人たらしめ、これを放下すれば人とはいえない。しかも叡智の源である識をも捨てよという。

芸術家の美意識というものは、五蘊が総動員されてたかまり、はちきれんばかりにみなぎって、搾り取られたエッセンスというべきものだ。私の愛するベートーベン、ゴッホ、世阿弥、北斎、広重など世のすべての芸術家の美意識というものは、五蘊のエッセンスから発露される。

もしも仏陀のいうように五蘊を悉滅すれば芸術はまったくなりたたないし、この世はまさに空疎であったろう。いかなる精神活動も断切り開悟するとは、まさか無知蒙昧無感動の人間をこさえることではないだろう。

五蘊を悉滅することなどはなから無理なのである。その無理を承知で押し通そうとする仏陀の真意がよく解らない。この奇矯な教えは人間の存在を否定しているからである。

仏陀の時代、輪廻転生が常識であり誰もが転生を恐れた。

仏教の玄義は輪廻転生の桎梏から解放されるための教えである。万生は輪廻転生という渦の中で果てのない生死を繰返しており、解脱とは輪廻転生の無限の輪から遁れることである。

しかしいまこの国では、熱心な仏教徒といえども輪廻転生など信ずるものなどまずいない。

仏教学の土方晟氏は、仏教から学ぶべきものとして輪廻思想は除外してよいという。輪廻思想は幼稚であり信ずるに足るものではない。この世において誰も前世の記憶を持つものはなく、前世はないと考えるほうがはるかに合理的だからだ。ゆえに、

「かりに前世があったとしても、われわれが記憶しない前世になんの意味があるだろう。前世の自分は他人に等しいではないか」

仏教学者に限らず僧侶ですら輪廻転生を信ずるものはまれだろう。もはや仏陀のいう、解脱という大前提はなきにひとしい。しかし土方氏のいう「合理」という言葉ほど宗教にほど遠いものはない。

私は土方氏の考えに承服しかねる。

輪廻思想が科学的裏付けのないものとしてこれを排除すれば、仏教は宗教たりえず「空」や「縁起」を標榜する哲学の意味しか持ちえないだろう。

さらに金剛般若経をひき、我執にとらわれるからこそ「私という不変の存在（いわゆる魂）があると思いこみ、これによって不要の苦を招き、自分の死を理解しがたいものにしてしまう」と述べる。要は霊魂もあの世の存在も我執が生んだ妄想にすぎない、というのである。

太古からあるシャーマニズムを宗教といえるのかどうか知らないが、すべての宗教の基根にあるのはシャーマニズムだ。

シャーマンは現世と幽冥界を結ぶ橋掛の役を担い、おのれの体に神や霊を降ろし取次ぐ。そしてこの世ならざる者の存念を聴き吉兆を占う。

儒教はもともと死を考察する宗教であった。儒教の儒の原義は巫祝《ふしゅく》、シャーマンである。

儒教は祖先と現世の子孫の関係性を最も重要視した宗教であり、位牌を祀り先祖を供養する風習を生んだ。それが伝来し日本仏教の核心をしめるに至るが、本来の仏教とは何の縁《えにし》もない。

信徒の魂が癒され平安をえるのは哲学や倫理ではない。魂の不滅と来世という永遠の国の存在を確信することにある。

そこに至る道筋を教えるのが宗教の役割だ。

しかし宗教の論理ほど不合理で矛盾に満ちたものはない。そこに整合性を求めるほど無意味なことはないであろう。処女懐胎やキリストの行った数々の奇跡を作り話だというのはたやすい。常識的に考えれば誰もがそう思う。

しかし宗教とは、虚構の上に打ち建てられた壮大な伽藍だ。天地創造の神の存在が証明されないからといって、クリスチャンやモスリムは何の痛痒も覚えはしない。回心とは大いなる虚構のすべてを受入れ帰依することだからだ。そして照覧されているという自覚と至福をえるのである。そこには科学的検証や知的考察の入りこむ余地はない。まさにはなはだしく不合理なるものが宗教なのである。

人間の心理はあまりに微妙複雑にすぎ一定の尺度では測りえない。しかも宗教は知性や常識の範囲を超えた存在である。

だからこそ存在意義があり信仰の対象になりえるといっていい。

音楽もまた肥大した妄想の織りなす虚構だ。

いかに美を繕うとも枝葉を刈れば臭気を放つほど生々しい本性が顕れる。それでもなお、音楽の背後にきらめくような純粋な美を、光背のごとく薄く煙る浄化された輝きを聴くのはなぜだろう。画家なら次元を超えた光というに違いない。

それは作曲家が意図したものではない。しかし偶然ではない。

多くの作曲家は心の深層に、本人すら気づかぬ無意識の領域が控えているのを経験的に知っている。創作に没頭し無心になるほど、心の深奥に古代インド人がブラフマンと表現した宇宙万象の三千大千世界に向かって窓が開かれ、おのれの魂にそよぐ風を観、光を聴くからだ。そして曲と照応し何ごとか顕れるのを覚えるのである。たとえ無神論者であろうとも、それは顕れる。まさに作曲家のあずかり知らぬことで、音楽の神秘としかいいようがない。だからこそ、というべきか、音楽は音楽たりえ、単なる娯楽に堕さないゆえんである。

美を求める心とは五蘊を亡ぼすことではない。まさに五蘊を豊かに共鳴させることにある。何ごとかに美しさを覚え、三嘆きわまるところに芸術という意識が萌芽する。五蘊を玉鋼のように鍛錬し、その切っ先を鋭利に磨きあげ美の本体に刃を向けねばならぬ。これは仏陀の説く道とは正反対の道を歩むことだ。

修羅狂気の外道である。

しかも仏陀は肝心なことを語っていない。悟りによって世界はいかなる意味を持ちうるのか、ということである。

拈華微笑というよく知られた仏話がある。

某日、仏陀は衆の前で何も語らずただ花をもてあそんでいた。

誰もその意味するところを判じえなかったが、弟子の迦葉だけが思わず微笑した。

以心伝心、不立文字、教外別伝の由来を伝える話だが、勿論これは作り話である。

私はこの話が大嫌いだ。

このような根も葉もない説話が、仏法の真諦は言葉では表せぬ高邁なものという迷信を生み、訳は判らないが何やら有難いという誤解の要因を作った。

葬式の坊さんの説法も小難しい漢語の羅列で誰も解らず、しゃべっている本人ですら何ら得心してはいないだろう。

悟りを求める修行僧の境地には深浅高低がある。

芸術家が求める美にも深浅高低がある。

だが芸術家はそれを羞じることなく表現する。それは芸術家の境地が赤裸々に如実に示されることである。

たとえ未熟であっても美という幻花を希求する魂がそこに現われていれば、人は感動し何ごとかを感得する。

ベートーベンは遅咲きの人であった。

聾という音楽家として信じがたい障害を克服し、努力を重ねて大成したのはよく知られている。

彼の二十代の曲を聴くといささかの才能は認められるものの、同じ年頃のモーツァルトやシューベルトと較べるのが哀れなほどだ。

ベートーベンらしさがようやく聴かれるのは弦楽四重奏曲四番で、彼はすでに三十であった。

しかしこのときベートーベンには第九交響曲に至る一筋の道が見えていたのに違いない。形を結ばねど靄のごとき幻花が見えていたのである。交響曲を根底から変革した第三番英雄が書かれるのは四年後である。

もしも彼が、おのれでなければ表現しえない曲を書きたいという強い志操がなければ、せいぜい一流の下ほどの作曲家で生涯を終えただろう。その志操のもとにあるのがベートーベンにおける美の化身というべき幻花なのである。それを形になすことが彼の生涯の務めであった。

ベートーベンの曲を年代順に追っていくと、何ごとかをひたと見据えた眼光はいよよ鋭さをまし、曲の容量がますます広くそして深まることには驚くばかりだ。それは執念といっていい。

狂気のような執念こそがベートーベンの音楽をもたらした。それはひたすら幻花を求めた道程なのだ。

ただ遺憾なのは第九交響曲を書いてすぐに死んでしまったことだ。

この曲の欠陥がどこにあるのか十分承知していたはずで、書き改めるか、それを上回る曲を書くかの時間が残されていなかったのは、さぞや無念であったろう。

一楽章の深淵、三楽章の耽美に較べると「歓喜の歌」で知られる四楽章の軽薄な楽天は蔽いがたい。劇的な展開に聴衆が歓声を上げることが巧みに演出されており、ゆえに表面的な効果のみが露わになり品格を欠いている。

ベートーベンはより抽象的で高度に昇華された歓びを表現しえた。そのような世界を彼は希求していたはずだ。

「ふつつかな曲を遺してしまった」

という思いがあるだろうが、それでもなお異常なほどの傑作といっていい。

芸術家の美を求める旅程に終わりはない。

しかし悟りをえた後には安心立命という褒美があるようだが、芸術家にもたらされるものは何もない。死を迎えるまでの果てのない呻吟のみである。

しかし凡百の説法を聴聞するより一曲の浄らかな音楽に耳を澄ますことのほうが、すべての宗教の核心にある聖なるものに触れえるだろう。

なぜなら音楽は直感によってのみもたらされるものだからだ。

森羅万象の声が作曲家の耳を通し濾過され抽出されているからである。

宇宙という神秘の扉を開き、異界から吹く微風の音を聴き、声なき声に耳を傾け、その光と闇の交合を眼にしえるのは芸術家のみである。

だからこそ芸術家は美という幻花を希求するといっていい。

五蘊煩悩を断ち開悟の道を歩むことに、あるいは美を求め修羅狂気の道をたどることに、はたしていかなる意義があるのかは判らない。

しかし私は芸術家である限り、終生、私の幻花を求めるのみだ。

詩と呪文

学生のころ知あいの仏文学者に、ふと問われた。

詩は芸術としてそれだけで十全であるのに、なぜ曲をつける必要があるのか、と。

考えもしなかったことなので思わず絶句した。作曲家が詩に曲を書くのはあたりまえのことであり、何ら疑問を感じることはなかったからだ。

そのころ私は習作の歌曲を書きはじめたばかりだった。

誰の詩を選んだのか覚えていないが、詩の啓く世界におのれを折りこめず、日常口語体の語調に違和感を覚えていた。どうしても私の紡ぐ旋律と言葉のリズムがなじまないのである。

往生したのは仙台弁に育まれた耳には、標準語のイントネーションが実に薄っぺらに感じられたことだ。いかなる方言も細やかで豊かなイントネーションに彩られており、旋律のありかはおのずから指し示されるだろう。そして訛《なまり》は濃密な陰影を醸す。

二回り近く歳の離れた仏文学者に、語句の多層的な意味や詩人の深層心理に迫りえるのは音楽の力ではないか、と遠慮がちにいうと、即座に、それは一作曲家個人の解釈にすぎない、と一蹴された。音楽は詩の純粋な鑑賞の障りでしかないというのである。

「歌というのは吉田正の歌謡曲もモーツァルトの歌曲も本質は何も変りはしない。語句の喚起する情緒をなぞり誇張しているのにすぎない。歌が詩を毀損する主因はこれだよ。映画音楽と同じで、情緒雰囲気を増幅することによって理解が深まる、と作曲家は勘違いしているのだろう。実にとんでもない話で、さらに鬱陶しいのはそこに作曲家の主情が重ねられることだ。心で読むべき静謐な陰影の深い詩ほどその暴力に耐えられない」

そして自らの詩に曲をつけるのが本道であり、他人の詩に曲を書く作曲家の気持がわからない、と言った。

「いかに共感をよぶ詩であっても、選択された語句の違和感や、背後から発せられる色彩の微妙な違い、世界観のわずかなずれなどと、どのように折りあいをつけ妥協するのか。それはまことの芸術家の仕事といえるだろうか」

私が何もいえず黙していると、彼は言葉を重ねた。

「しかし、歌は有史以前から歌われてきた。多分人間が最初に得た音楽は歌だったろう。歌は音楽の始原であり母だ。詠は詩歌に節をつけて朗誦するという意味があるらしいが、神代の昔では言葉と詩と歌は三位一体だったのに違いない。言葉と詩は未分に近く、日常の言葉が、ふとした感動によってたちまち詩のごときものに変貌し、詠じられ、やがて歌になったと推察するのはごく自然なことだ」

言葉の背中をそっと押してやれば詩になり、詩は詠じられて歌になるというのである。しかしいつのころからか詩と歌に亀裂が生じ、詩人は詠ずることがなくなってしまった。いまの詩人は、おのれの詩が朗読あるいは詠じられるのを勘定にいれて書くのだろうか。あるいはまるで無頓着なのかどうか。まことに素朴な疑問だが、詩を書き上げたとき、詩人は声にして読みはしないのだろうか。

それから何十年が経ち、私は多くの歌曲を書いてきた。独唱とオーケストラの曲も何曲かあり、注文とはいえ何の信仰も持たぬのに、キリスト教の「スターバト・マーテル」や「受難曲」すら書いている。しかし歌曲を書こうとするたびに、耳元で仏文学者の声が蘇る。

「なぜ君は歌を書くのか」

彼に問われたとき、私は真情を素直にいえなかった。手厳しく反論されるのが目に見えていたからだ。しかし私は歌に限らず作曲するのは、ただ一言、

「僕は歌いたい、魂の歌を歌いたい」

ずいぶん青臭い心情と思うだろうが、いまなお、私において私のいかなる曲も歌なのである。たとえ電子音楽であってすらも。

何ごとかを表現したい、のではなく、何ごとかを心をこめて歌いたいのだ。私において、表現とは歌う心が臨界したとき、無意識の底から放たれる一条の光だ。

歌を忘れたカナリアのように、私が歌う心を失えば作曲家としての務めが終わり、後ろの山に捨てられるべきときなのである。

そのような対話をしたころ、萩原朔太郎の詩集「氷島」を読んだ。

萩原の詩集は他に「月に吠える」を読んだばかりで、さほどの感慨を覚えなかった。私とはずいぶん離れたところに佇立している詩人だと思った。

しかし「氷島」自序の末尾に萩原はいう。

——著者は東京に住んで居ながら、故郷上州の平野の空を、いつも心の上に感じ、烈しく詩情を叙べるのである。それ故にこそ、すべての詩篇は「朗吟」であり、朗吟の情感で

歌はれて居る。讀者は聲に出して讀むべきであり、決して黙讀すべきではない。これは「歌ふための詩《うた》」なのである。

「氷島」が出版されたのは昭和九年（一九三四年）だが、詩作の動機如何にかかわらず、わざわざ、これは「歌ふための詩《うた》」と断っているところを見ると、このころには詩を詠じるという慣いがもはや廃れてしまっていたのだろう。しかし詩《うた》はいつから詠《うた》われなくなったのか。

明治まで「読《よ》む」は「詠《よ》む」と同義であったといわれる。書見とは音読するのが建前であったらしい。らしい、というのはいまの私どもの日常にそのような習慣がすたれてしまい、ただ推測するよりほかはない。四書五経などの漢籍や仏典などは素読が必須だった。いうまでもなく返り点や送り仮名のない白文である。漢文のリズムを身にしみこませ暗記するためだ。黄表紙や滑稽本などはしらないが、古典の物語や軍記は音読されたのだろう。

きっと更級日記の著者も少女のころ源氏物語を「おのずからなどはそらにおぼえうかぶを」と、自然に暗記してしまったというのは、几帳のうちに打臥して「ひるは日ぐらし、夜は目のさめたるかぎり、火をちかくにともして」かぼそい声で音読したからであろう。

そして心傾く個所や歌は幾度も反芻朗読したのに違いない。
しかし詩《うた》はいつから詠《うた》われなくなったのか。

「氷島」

地下鐵道《さぶうえい》にて

ひとり來りて地下鐵道《さぶうえい》の
青き歩廊《ほうむ》をさまよひつ
君待ちかねて悲しめど
君が夢には無きものを
なに幻影《まぼろし》の後尾燈
空洞《うつろ》に暗きトンネルの
壁に映りて消え行けり。
壁に映りて過ぎ行けり。

この詩をどう朗吟するか。

はたして萩原はどのように朗吟されるのを願ったのか。

詩文のセンチメントな語感にそって、情緒的な誇張をもって吟ずべきなのか、あるいは擬古文体の七五調の韻律にあわせ、間を取り抑揚少なげに吟ずべきか。

だが感傷的にメリハリをきかせて吟ずるほどに、この詩の沈潜した陰影は瞬時に失われるだろう。

ここで思う。平安の歌詠みは自作を披露するさい、どのように朗吟したのだろう。一定の決められた旋律形が存在したのか。あるいは即興だったのか。

古典詩歌や藤村、犀星の詩を黙読すれば、おのずから七五調の韻律が胸のなかで脈動しはじめる。しかし著しく抑揚に欠ける。それを声にしたところで抑揚の平坦さは変わらない。そうでないとしたら、萩原はやはりロマンチックで大仰な朗吟を望んだのだろうか。

あるいは詩を発音すること自体に重きをおいたのか。


一日、詩人たちの朗読会を狭いライブハウスに聴きに行った。

たしかに朗読会であって朗吟する詩人は一人もおらず、まるで世間への鬱憤をはらすかのように、感情を激しく吐露する朗読が多かった。なかには音楽を演出に用いるものもあり、朗読会ではなく絶叫会だな、と疲れるような気分で思った。

詩人はなぜ叫ぶのか。

おのれの言わんと欲するもの、思想や信条に裏打された語句を強調したいがゆえである。日常茶飯事に金切り声をあげ、あるいは気息奄々の愁声をもって、役者のごとき身振りや声色で訴えることに、どれほどの意義を見出しているのか。

会が退けてから知合いの詩人に、「君らは言葉の美しさということに、まるで関心がないようだね」というようなことをいうと、この旧弊な伝統主義者め、という顔をされた。

私はいまだ心の隅に、詩とは言霊で織られた神聖なもの、という意識がどこかにある。歌は王道なり、という気持がどこかでくすぶっている。

私が詩作に手を染めないのは、情緒感傷を濾過し昇華させるすべを知らないからだ。音という実体不明の媒体を扱うがゆえに、言葉という赫々とした在存を弊履のようにしてはならぬ、という畏れがあるからだろう。

一九九六年に、ニューヨークのリンカーン・センターで私の曲がユーディー・メニューインの指揮で初演された。そのころメニューインはもはやバイオリンを弾いておらず、専ら指揮者として活動していた。

私の次に演奏されたのがEchorusというフィル・グラスの曲だった。プログラムにはアレン・ギーンズバーグ「サンフラワー・スートラ」の朗読と弦楽オーケストラの曲とあり、舞台にナレーターとして登場したのはギーンズバーグ自身だった。

ギーンズバーグの詩は学生のころ諏訪優氏の翻訳で「吠える」を友人から借りて読んでいたが、全部忘れてしまった。ただそのころの写真では、禿頭肥満の大男のような印象があったが、登場したのはひどく痩せた初老の詩人だった。

ギーンズバーグはみずからの詩を、何ら情緒的な感情をまじえず、聞き取りにくいしゃがれ声で淡々と読みあげた。グラスの曲も朗読にそうように柔らかなリズムとオスティナートを繰返し、湖面の静かなうねりのようにたゆたう。

私には英語で語られる詩の意味がまるでわからない。しかしわからずとも不思議な感動が胸に拡がるのを覚えていた。たとえグラスの音楽が付随せず素の朗読であっても、同様の感動を覚えたのに違いない。

それでは、詩の意味するところを解せず何に心を揺さぶられたのか。

もしかしたらと思った。もしかしたら私は、訳のわからぬ読経や、サンスクリットの真言《マントラ》を聴くのとさほどかわりない感覚で、ギーンズバーグの朗読を聴いていたのではないか。その朗読に呪文のような言葉の力を感じていたからである。

仮に私が英語に堪能で一字一句の意味を理解しえたなら、同様の感動がもたらされただろうか。

それはわからない。しかし私は日本人の耳、あえていえば伝統的な耳の感覚でギーンズバーグの朗読を「音」として聴いていたのはたしかだ。

すべての曲の演奏を終えると、作曲者や演奏家が舞台に呼びだされ、メニューインは聴衆に短い謝辞を述べた。面白いことにギーンズバーグは舞台から聴衆の写真をパチパチ撮っている。何をしているのだろうと思ったが、それから半年もせぬうちにギーンズバーグは死んだ。

詩作において、語句の意味を勘定にいれずに書くなどなしえない。言葉の意味を剝奪することも不可能だ。つまり詩は言葉の「音」あるいは「響き」だけでは成立しえない。かならずや語義が明らかにされ、世界が啓かれねばならぬ。

品川の寺で伯父の法要が催されたとき、参列者は坊さんとともに般若心経などを看経せねばならなかった。いうまでもなく返り点や送り仮名のない白文である。一語一拍で読むようにとのことで、観音経の一部も看経させられた。

念彼観音力《ねんぴーかんのんりき》　衆怨悉退散《しゅうおんしったいさん》　妙音観世音《みょうおんかんぜーおん》
梵音海潮音《ぼんのんかいちょうおん》　勝彼世間音《しょうひーせーけんのん》　是故須常念《ぜーこーしゅーじょうねん》

読み下し文
彼の観音の力を念ぜば　衆《もろもろ》の怨《あだ》は悉く退散せん　妙《たえ》なる音　世を観ずる音
梵の音　海潮の音　彼の世間に優れたる音あり　この故に須らく常に念ずべし

看経はあくまで白文で、漢文の素養があれば何となく理解しえるが、訓読は用いられない。看経には語義よりも一句五音のリズムが重要であり、意味がわからずともリズムに乗って看経すると、呪文のような神秘さとありがたみを日本人は覚えるからである。

しかしこの白文はあくまで日本語化された漢語の発音によっており、本来の漢語のイントネーションで看経されたら、はたしてありがたみを感じるだろうか。

明治になって日常に用いる経文を、だれにもわかるように和訳しようという動きがあったらしい。上記の観音経の読み下し文のようにである。しかし真っ先に反対したのは信者だったという。ありがたみが失せる、というのである。

テレビの番組で唐詩の白文と読み下し、そして中国語の発音と聴き較べる、という実に面白い番組を観たが、その語感の違いに唖然とした。驚いたのは中国語の抑揚の豊かさだ。言葉本来のみずみずしさと豊潤さが直截に伝わってくる。私の愛唱している詩もあり、それに籠められた情緒纏綿をはじめて知ったといっていい。

千年余りにわたり、日本人が親しんできた漢詩とは何だったのだろうか。日本人は看経にせよ唐詩の朗読にしても、五七調の詩歌を読むように抑揚を欠いて平板に発音する。つまり言葉の活力ともいうべきイントネーションが無視されているのである。

漢詩はいつの間にか換骨奪胎され、日本化された情緒と語感に塗りかえられた。これを漢詩とよべるかどうか。

その思いをより深くしたのは、近頃台湾の陳傳興監督の映画「水を掬えば月は手に在り」の音楽を担当する機会に恵まれたからだ。この映画で唐の詩人杜甫の「秋興八首」をもとに八曲の歌を書かねばならなかった。もちろん発音は原語である。私は学生のころから唐詩が好きで、いまでも枕頭には唐詩選がおいてある。気が鬱したときには唐詩の悠々たる大河に身を沈める。暗記愛唱してやまない詩は幾つもあり、どうやら私は和歌を除く俳句や近代詩より、漢詩の方が気質に合っているようだ。

陳傳興さんは原語による何種類かの朗読の録音を送ってくれたので、それを頼りに白文の音読みと較べながら作曲を進めた。無知としかいいようがないが、白文と原語のあまりの違いに愕然とした。ほとんど共通点がないのである。しかもアクセントと独特な抑揚は白文からまったく想像しえないものだ。

作曲を終えても不安が残った。録音は東京でなされるので、はたして邦人歌手の発音が台湾や中国の人々に受容れられるか、ということである。しかし杞憂に終わった。バリトンの松平敬さんとソプラノの工藤あかねさんは、みずから発音の矯正を事前に受けてくれていたのである。そして録音に出向いてきた陳傳興さんは、一曲目を聴くなり「完璧です」と破顔した。

欧米の詩も同じである。ドイツの詩人カール・ブッセの「やまのあなた」は上田敏の名訳によって広く愛唱されるようになった。

やまのあなたのそらとほく
さいはひすむとひとのいふ
ああ　われひとととめゆきて
なみださしぐみかへりきぬ
やまのあなたになほとほく
さいはひすむとひとのいふ

あるとき女子中学生たちがこの詩を斉唱するのを聞いたことがある。まさに斉唱で、七五調の詩歌を読むようにまったく日本語としての抑揚を欠いて平板に発音した。これをドイツ人が聞けば少女らはお経を唱えていると錯覚するだろう。

はたして翻訳された外来詩は、詩といえるのかどうか。

詩人が心魂を傾けて択び抜き研磨された語句の美、リズム、陰影というものがすべて無に帰し、遺るのは意味性のみである。そこに翻訳者の美意識と主情が絡めば主体はどこにある。形のみを遺した器に、新たに釉《うわぐすり》をかけて焼き直した茶碗の作者は誰なのか。

さらに奇妙なのは陀羅尼ともいわれる真言である。

真言は大いなる呪力のある秘密の言葉であり、怨敵を退散させ業病を癒し、社稷をも安寧させると信じられた。真言はサンスクリットを音写した漢語である。霊力のある最も神聖な呪文であり、サンスクリットによって奉唱せねばならない。

真言は意味がわからずともこれを訳してはならぬ、という不文律があった。意味不明でもこれを唱えることにより、音声の呪力によってはなはだしく霊威が昂進し、あるいは彼岸に至る力を得ると信じられたからである。

若き空海は奈良でとある沙門から、万巻の経典をたちまち暗唱できるという秘呪を教えられた。

「虚空蔵求聞持法《こくうぞうぐもんじほう》」

と実にたいそうな名がつけられているが、ごく短い真言である。

ナウボウ・アキャシャギャラバヤ・オン・アリキャ・マリ・ボリ・ソワカ

これを特定の地で一定の期間内に百万遍唱えれば成就すると、沙門はいった。彼は沙門の言葉どおりに修行し、虚空蔵求聞持法を成就したといわれる。

はたして空海はその真言の意味を理解していたかはわからない。仮に知っていたとしたら百万遍通誦の修行に入っただろうか。その意は、

「虚空蔵菩薩に帰命したてまつる。おお、怨敵を打ち滅ぼす尊よ、祥福あれ」

しかし彼にとってその意味より、真言が遍く宇宙に坐《ま》す諸仏の宇宙語ともいうべき聖なる言語であることのほうがより重要だったろう。

般若心経の、

ギャティーギャティー、ハラギャティー、ハラソウギャティー、ボジソワカ

も真言であり、心経の鈴木大拙の英訳も真言を訳せず、そのまま掲載している。鈴木は

真言の霊力を信じたわけではないだろうが、理由はわからない。その意は、

「往けるものよ、往けるものよ、彼岸に往けるものよ、彼岸に全く往けるものよ、悟りよ、幸あれ」

日毎仏前で心経を奉唱していても、この真言の意味を解している人は少ないだろう。知ってしまえば何となく身も蓋もない気持ちになるが、この真言こそが大明呪であり大神呪であり無上呪であって、一切の苦を取り除く唯一の呪と前文で高らかに謳われている。

難解な「空」の思想がきわめて論理的に説かれてのち、何の脈絡もなく、あらゆる苦を除去するという真言が語られるのは、誰もが深遠な哲学が突如オカルトに変じたようなとまどいを覚えるに違いない。

しかし般若心経の要はこの神呪の奉唱にあるといっていい。

この真言は悟りを得た者の発する、天地に鳴響く一大呪であり言霊であって、これを唱えれば魂が開闢《かいびゃく》されると、般若心経の編纂者は信じたのに違いない。

しかし笑い話のようだが、経典や声明にある真言の意味が詳らかになったのは戦後のことであるらしい。空海以来千年余りにわたって僧侶たちは意味不明の言葉を唱え続けてきたのである。古来の言霊信仰と相まって、何やら祥福をえそうな神秘的な言葉が、仏教を

権威づけ無意味に聖化してきたといっていい。

ボーイスカウトに入団すると、子供らはハイキングやキャンプの歌など色々覚えさせられる。その中に「クイカイマニマニ」や「サラスポンダ」、「ハンスカレーベ」など歌詞の意味不明な歌が何曲かある。どこの国の歌かもわからない。

私は「オーユポイ」が愛唱歌で、これを歌うと心が和み気持ちが爽やかになるように感じられた。

オーユポイ　ヤイヤ　エーヤ　オーユポイ　ヤイヤ　エーヤ
オーユポイ　ヤイヤ　ユポイ　トキトキ　ユポイ　トキトキ　エーヤ（繰り返す）

カナリア諸島の孤島に遊んだとき、夕涼みに海岸を散策していると、汀で円陣を組む若者たちの歌が聞こえた。それが「オーユポイ」だった。

旧知の友に思わぬところで出会ったように懐かしく、通訳の女性に、これはスペインの歌か、と訊ねると彼女は首を振った。

「スペインの歌ではありませんし、どこの国の歌かも知りません。歌詞の意味もわかりませんが、誰でも知っています」

私は暮れなずむ水平線を眺め溜息をついた。きっとこの歌は真言になったのだろう、と思った。曲の調子と語感が、人々の心を和らげ癒す真言に。そして永く歌い継がれるのだろう。

この歌を覚えた子供が、やがて親に訊ねる。

「歌詞の意味はなに」

詩は呪文たりえるか。

気配ということ

国立能楽堂で梅若万三郎の「江口」を観た。

舞台を見つめているうちに、未生以前の遥かな過去に、あるいは夢のなかの仄暗い小径の果に、その人のおぼろな姿に接したことがあるのではないか、という不思議な幻視感にとらわれた。

観能後、渋谷駅頭の雑踏を抜け鰻屋で飯を喰っているときも、疼くようなあやしさは治まらなかった。感動したのは疑いないが何かが違う、これまで経験した感動とはずいぶん様子が異なることが私をとまどわせた。

この名状しがたい気分をひき起こしたのは、後シテと二人のツレが橋掛に現れたときにはじまる。

「江口」の物語は概略を知るのみだが、この三人の演者が橋掛で静止したとき、話の筋などはどこかに吹き飛んでしまい、永久の時を超え寄り来たる何ものかがそこに化現しているように思えた。

しかし優雅に直立しひたすら佇むその姿は五分ばかりにも、また限りなくも感じられ、私の時間感覚を麻痺させ失わせた。まさに悠久が須臾に籠められ、静謐きわまりない圧倒的な美の時空が幻出したのである。

後シテは普賢菩薩の化身なのだという。

禅家で「不立文字」というのは、深甚な悟はいかなる表現手段をもってしても伝えられぬといういいである。しかし悟というものを神秘化したい僧侶らの詭弁にすぎない。悟達者とは無窮なる無何有の宇宙から、搾り取られた清浄なる一滴水の具現者をいう。遊女の魂が普賢菩薩に昇華したのは、悟達の道を歩んだからであり、演者はその境地を真似ねばならぬ。しかし芸術において奇跡のように真諦が現出することがある。私は「江口」においてそれを目のあたりにしたといっていい。

私には梅若氏の演能を云々するだけの教養はない。演者が舞台上で悟の境地にあったわけではないことも知っている。しかしまさに招霊をなすがごとく、芸の力をもって普賢菩薩という無形の実相をそこに化現させたのである。宇宙の一滴水のごとき気配を身にまとったのである。

遥かな昔と思える幻視感をもったのは、普段は決して意識しえない最奥の深層意識に、悠久なる世界の一波瀾が触れたからに相違ない。

芸術は侮れない。

古来、芸術は宗教の下にあり、その論理を世界観を表わすことに努めてきた。しかし芸術は宗教が解きあかせぬものを直入に指し示す。なぜなら、芸術は稀にも異界との橋掛を担うからである。

音楽においても私どもが何ごとかに深く感動するのは、此岸と彼岸が重なりあい音の隙間から響きわたる異界の声に身を晒すゆえであり、音の縁に微光のごとく烟る幽冥の香りを聴くからだ。


能をはじめて観たのは、十五歳の夏の日である。

もう半世紀も前のまことに古い話だが、その日のことはいまでも鮮やかに覚えている。もしこの体験がなかったなら、私の音楽はよほど違ったものになっていただろうし、大袈裟にいえば人生観も異なっていただろう。

曲目は「景清」と「船弁慶」だった。四十年も昔に書いた「沈黙の彼岸より」という随筆に、このときの感動を次のように綴っている。

「――知盛の霊は嵐を呼び起こして暗い波間に浮かびあがり、義経の小船を呪縛して、疾風のようにやって来たのだった。音楽はやがて叫び声のようになり、強く空間を震わせているのにもかかわらず、僕は凍るような沈黙に耳を澄ましていた。

知盛の二つの真っ白な足袋がツッツッと舞台を踏み、薙刀の切っ先が激しく宙を舞うたびに、沈黙はいよいよ深さをまし、森厳な透徹が、潮のように、静かに、しかし濃密な襞をもって満ちてくるのだった。白く泡だち渦巻く無音の波頭に、知盛の霊は、沈黙の化身のごとくに、そこに現れていると思えた」

「船弁慶」という動きの派手な曲が能の初見には幸いしたのだろうが、十五歳の少年の心を激しく揺り動かしたものは何であったのかといま頻りに気にかかる。それは少年のまっさらな耳が異界から吹く風の音を聴いたから、としかいいようがない。そして此岸と彼岸が重なりあい、この世の縁がおぼろになるのを観たのである。

弁慶の調伏の数珠はうなり、知盛の薙刀が音をたてて床に落ちたのは、人間の手による現実の世界の出来事であった。しかし私には永遠が刹那にこめられ、はてしない時の相がそこに幻のように現れているように思えた。そして、この世は平面的な感覚上に生起するだけのものではない、ということを訓えられたのである。

この歳、私には人生を決定づけるもう一つのことがあった。

西洋音楽を知ったことである。

そのころ母は踊りを教えており、稚いころから家で聴く音楽といえば長唄や常磐津、端唄などがおもで、あとはせいぜいラジオから流れる歌謡曲やアメリカン・ポップスぐらいだった。私の耳は邦楽によって育まれたといっていい。

近所に大阪から来た東北大学の学生が下宿していた。大学のオーケストラやジャズバンドでトランペットを吹いていて、遊びに行くとジャズのレコードを聴かせてくれた。

彼のレコードコレクションのなかにクラシック音楽が数枚あった。

あるとき、少しはクラシック音楽を聴くべきだ、というようなことを大阪弁でいい何かと聴かせてくれるようになった。

何を聴いたのかほとんど覚えていないが、ムソルグスキーの「禿山の一夜」があったのは確かだ。大学のオーケストラで演奏したことがある、といってオーケストラ・スコア（管弦楽総譜）を見せてくれた。もちろんスコアというものの存在も知らず、見るのもはじめてだった。

ページをめくるとトランペットのパートに赤鉛筆で線が引いてあり、オーケストラの楽器編成や各々の楽器の特徴や役割などについてていねいに教えてくれた。そして「禿山の一夜」のレコードにあわせて、ミュート（弱音器）をつけたトランペットで実際にトランペットのパートを吹いてくれたのである。

スコアを目でおいながら、西洋音楽というのは音楽理論という堅固な法則のもとに個々の楽器が有機体のように結びつき、レース編みのように織りあげられているのを、私はそのときはじめて知った。

そのようなことがあって、私は西洋音楽に深く魅了されるようなった。

邦楽に慣らされた私の耳には、西洋音楽は天が開けるような新鮮な感動をもたらした。邦楽が微妙繊細な盆栽であるなら、西洋音楽は天に向かって手を広げた大樹のように思えた。樹には鳥獣が宿り落葉は積重なり大地に滋養をもたらし、根を四方に張りめぐらす。幹を太くする養分は万状の思想であり、しかも精緻な理論で統一されている。まさに邦楽とは対極にある音楽だ。

西洋音楽においてはいかにして個を十全に表明するかに重きが置かれ、邦楽はいかにして個を滅するかに重きが置かれる。

個を滅するとは自己を殺すことである。自己を殺すとは道を究めるためであり、道を究めるとは仏道でいう一如の境地に至るためである。そのような言葉にはならぬ思想が邦楽の基にある。芸道というのはそれゆえだ。

邦楽と西洋音楽はいかなる点においても和すことはなしえない。まさに真逆の道を歩み、精神的背景と魂のありようがことごとく異なるからである。

それは私に、芸術において表現とは何か、という根本的な問いを突きつけた。芸術において自己を滅するとは何か、はたしてそれは可能なのだろうか。

西洋芸術は気配を生みえない。

音楽にしても時空間が音でびっしりと埋められ、気配を醸す隙間はない。しかも彼らにとって気配のごときは極力排除すべき不純物でしかないであろう。自己の主張をいささかも曖昧にせず十全に表現することこそに重きが置かれ、聴衆もまた作曲家が象る世界を聞取り共鳴することが悦びなのである。しかし西洋人のいう自己あるいは自我とは、我欲によって肥大し捏造されたものだ。その典型がロマン派の音楽だろう。

この音楽は針小棒大が要だ。わずかな感情の動きを嵐が吹きすさぶような表現にまで膨張させ、聴衆を圧倒し屈服させるのに主眼が置かれている。まるでヤクザのような音楽だが、これほど心を鼓舞する音楽もない。

しかし寝た子を起こすように、目覚め鼓舞され昂められた感情を聴き手はどう処置すればよいのか。その目指すところは何かを、音楽は訓えてはくれない。

このような音楽は決して人を幸せにはしないのではないか、と西洋音楽を聴きはじめた私は思った。西洋音楽はいたずらに無明を深めるだけではないかと。


能もまた一如の道を歩むものである。

世阿弥の書や啓蒙書の類を読んでも能の根幹をなす哲学というべきものが、はたしていかなる幽冥観、死生観あるいは人間観というべきものから導き出だされたか、いまだによくわからない。

禅仏教の影響に重ねて神道の白木のように清明な宇宙観に深く響きあい、シャーマニズムの根源的な世界にも共振して織りなされたことは確かだろうが、極端に切りつめられた表現へと収斂させた美意識は、いかなる理由によって成立したのかがわからない。

それにしても世に能ほど奇妙な音楽舞踊劇もないであろう。

昭和三四年（一九五九）に訪れたフランス文化使節団の一行が「熊野」を観て、「死ぬほど退屈だった」という感想を述べたのはよく知られた話である。

ギリシャ劇を祖としユダヤ・キリスト教の宇宙観を精神の基に置く彼らからすれば、「熊野松風米の飯」といわれるほど人気をさらった曲ですらも、西欧の舞台劇の視点からすれば何ら劇的な展開もなく、まことに緩慢な欠伸が出そうな所作を観てそう思うのは、さもありなん、としかいいようがない。

フランス人に限らず西欧の人々にとって、能は一から十まで価値観の異なるものであろう。もしこれが劇であるなら、はたして劇はどこにあるのか、と彼らが疑問に思うのは無理もない。演者の所作にしても彼らのいう表現とはほど遠いものだろうし、思想のありかを探ろうにもただ茫々たる空《うつ》に絡め取られるばかりだ。

能を初めて観る今日の日本人の感想も、彼らとほぼ同じに違いない。日本人にとっても能は難しいのではなくひたすらに退屈なのである。

物語というほどのものもなく、目をひくような華麗な踊りがあるわけでもない。面《おもて》をつけて発音される言葉は聞き取りにくく、意味不明な緩慢きわまりない動作を見続けるのには多量な忍耐が必要に違いない。

そして同様な疑問をいだくのである。

「これは劇なのか」、と。

二世梅若万三郎氏は、

「能は芝居ではないのですから、いかにその人物らしく扮するかが、第一条件ではありません。いかに弁慶らしいかということではなくして、安宅のシテであることが問題なのです」

と述べているように、演劇における「演じる」ことの根本的な観念がまるで異なる。しかし梅若氏のいうように役どころに扮し演じるのではなく、安宅のシテであることが重要とはどういうことか。

能は気配の芸術である。

気配とは、ものが形を現し、音が空気を震わせ響く寸前に醸される、無音無形のぼうだいな磁場のことだ。不動のまま佇立し、気を充実させ臨界に達したとき、一歩を踏み出し、あるいは緩やかに舞い、天地を分かつ。

いずれにせよそれを可能にするのは、切り立つほどに研ぎ澄まされた鋭敏な感覚と、修練によって得られた第六感ともいうべき無意識の領域の力なのだろう。

友人の祖父が大学に勤めていたころ同僚の教授に仕舞と謡の上手な人がいた。剣道の達者で剣道部の師範も務めていたらしい。その人は、能は武道ですよ、とあるとき祖父に言ったという。

「本当の名人は立姿に一分の隙もありません。それは剣術の達人とかわりありません」

しかし隙がある、隙がない、とはどういうことだろう。隙がないとは、打ちこめば瞬時に致命的なしっぺ返しを食らう気迫で張りめぐらされたバリアのことをいうのだろうが、それ以上に剣者から放射される神気ともいうべきものが形なき剣を生じ、敵を圧倒して動きを封じるのではないか。

能もまた、沢庵和尚が柳生宗矩に説いた「剣禅一如」の境地、剣術の達人に通じる明鏡止水の境地にあると、その人はいいたかったのに違いない。

ことに囃子がやみ、無音の中で演者が屹立しているときがそうだ。やがてゆっくりと扇を持った右手が青眼に構えられ、しばしのちに上段に構えられる。その動作にどのような意味があるのか知らないが、まさに姿なき対手に鋭利な刃を向ける気迫を感じるときがある。

聴こえざる音を、姿なき姿を観客に感じせしめるのは、演者から発せられる気の作用による。それは意識的にもたらされるものではない。まさに剣者が希求する天地一枚の妙境のなせる業ではないか。

梅若氏が、演技や舞踊によって何ごとかを表現するのではなく、シテであることが問題だ、というのはシテとしての境地こそが肝要というのに相違ない。


能に興味をもつようになっても、地方に住むものには観能の機会はめったになく、たまにＮＨＫで放映される能舞台が頼りだった。

ある夜、家族で炬燵を囲みテレビに映る「松風」を漫然と観ていた。

そのころはどの家庭でも、十四インチの白黒テレビが家長に代わって上座に鎮座していて、家族団欒という日常の締めくくりが、テレビ鑑賞という娯楽に急速に変わりつつある時代だった。

この曲の物語は「汐汲」を観て知っていた。「汐汲」は「松風」を華やかによなげた踊りである。

画面を観ながら、ふと、奇妙な感覚にとらわれた。

――風に袖が揺れている
汀に佇む松風と村雨の白水衣の袖が、潮風に靡いている。

もちろんこれは錯覚でしかない。しかし私にはそのように見え感じられ、無音の風の音が地を這うのを聞いたのである。

居住いを正し画面を見つめなおしたが、再び二人の衣がそよぐことはなかった。

それでもなお私には海浜に佇む松風と村雨が、無常の風になぶられてその身がはかなげに揺らめいているように感じられた。

錯覚とはいえ、ずいぶん長い間あやしい思いが残った。演者の名はとうに忘れたが、このとき受けた不思議な感動はいまも消えることはない。

いま思えば私は気配の影を観たのだろう。美のおそるべき深淵を覗いたのである。

大燈国師が「耳に見て目で聞くならば疑はじおのずからなる軒の玉水」と詠じたのは、非論理的な不分別の用心を修行僧に示したものだが、禅に限らずすべての芸道に通じるものだ。

緩やかな舞の背後に茫々たる時が重なり、片袖の一振りが風雨を生じせしめるのは、五感を超えた気配の働きによる。

能は気配の芸術である。

気配の影の影に透徹したとき、宇宙はその大いなる相を現すのに違いない。おのずからなる軒の玉水は、密やかに、あるいは轟々と永劫無窮に響きわたっているのだろう。世阿弥が生涯を懸けて欣求したのはそのような芸境に違いない。

しかし気配を呼覚ますものは芸の力だけではない。演出と謡の唱法が深く係っている。


東京の大学に入ってから能楽堂に足しげく通った。

「紅葉狩」を初めて観たのは当時大曲にあった観世能楽堂だった。

それが初見で、爾来この曲は観ておらず記憶もさだかではない。だが作曲を自己流に学びはじめたばかりの私にとって、「紅葉狩」はおのれが目指す音楽の指針ともいうべき、あるヒントを啓いた。

沈黙についてである。

鹿狩りにやってきた平維茂は、紅葉狩の宴を楽しむ美姫に出会い宴に招かれる。見知らぬ上臈の勧めで盃を重ねた維茂は姫君の舞を楽しみ、つい午睡の不覚をとる。維茂が眠りに陥ったのにもかかわらず、姫君たちは優雅な舞をつづけ、徐々に音楽は鳴りをひそめて、ついにまったくの沈黙に至る。

高鳴る胸を鎮めながら観たのはその直後だった。

無音の舞台で姫君たちはなお緩やかに舞続け、やがてふと動きを止めると、深い静寂の内に扇を静かに閉じたのである。

姫君は鬼の化身でありやがて本性を顕わにするのだが、扇が閉じられた瞬間、いいようのない不気味さが演者の背後に焔立った。

音楽はもはや虚空の彼方に飛び去ったのに、私は渦巻くような音の磁場に身を晒し、息を殺すようにして聴こえざる声に耳を澄ましていたのだった。

これが尋常な演出かどうかは知らないが、伝統的な「間」の感覚とは異なる、沈黙という赫々とした美を私ははじめて知ったのだった。

そして音楽とは沈黙という母なる海から生まれいで、そこに還るものであることを。

私どもはそこに厖大な音が流転する無窮の空間を、無数の時が生死する永劫の刹那を聴くのである。

西洋音楽において、沈黙（無といってもよい）は常に音楽の対極にある声を大にして拒否されるべきものであり、沈黙を肯定することは、すなわち音楽の、そしておのれの存在を否定することにほかならぬ。

西洋音楽において、人が音楽を為すのは沈黙に抗うためであり、ゆえに時空を音で塗り固める。それは虚無と死を怖れるがゆえであり、人間の業といっていい。

日本画は「余白」の芸術である。

色もなく形もない余白によって、形あるものでは現しえない美を現そうとした。それは単なる空白ではなく、余白のありかたに画家の大きな手腕を要し、苦心を要し、技法さえも要したといえる。そして余白と色形の縁に気配が動くのを観るのである。

しかし画家自身に、余白が駘蕩し青嵐を招じるのを観るという、痛いほどに先鋭で研ぎ澄まされた感覚がなければなしえない。

能もまた日本画の余白を活かす芸術と同じ心のもので、音楽、舞、所作を切りつめ、沈黙を語らせることに力をそそいだ。いつの頃からか、日本人は余白と沈黙によってのみ、まことの美が現れるのを知ったのである。

能楽師の知人が「舞台で何もせずに立っているのが一番緊張する」といった。ただ佇立しているだけで、所作を超えた何ごとかの気配を現さねばならぬ、はなはだしい集中力のゆえだろう。

私の音楽は能と気脈を通じる。

能は私にとって理想の芸術だが、それを音楽にうつしかえるのは不可能だし意味のあることではない。

三十代のころ余白を語らせるには無音の空間が要であり、余白は沈黙によって語らせるべきと考えていた。それですら音楽が生成する空間に永い沈黙をしのびこませるのは容易なことではなかった。

しかも沈黙は音の対極にあるものだ。

何の支えもなしに沈黙を置けば、気配が生じる前に単なる空白へと急速に色あせる。演奏家は沈黙を永い休止としか考えず気を充実させることはない。しかも彼らは一音も発せず永く無音のなかに置かれることに、いいようのない不安とストレスを覚える。私の曲は異常なほどテンポが遅い。そのテンポ感を把握するのにも神経を消耗する。

ニューヨークで弦楽オーケストラによる私のコンサートが催されたとき、コンサート・マスターから「あなたは私たちを殺すつもりか」と、冗談半分に訊かれた。沈黙の空間をどのように捉えればよいのか理解が及ばないのである。指揮者に言葉を重ねて説明してもらちがあかず、返ってきたのは穏やかな拒否のゼスチャーであった。

旋律をより美しく歌わせるための指示は容易だ。しかし沈黙をいかに歌わせるかはどれほど言葉を尽くしても説きえない。余白や間という美意識は西洋音楽の伝統には皆無だからだ。

余白を語らせ気配を生じさせるにはどうすればよいのかと、正直思い悩んだ。私にとって最も重い課題であり、しかも手本にすべき先人はいない。幾度も失敗を重ねているうちに、やっと当たり前のことに気づいた。

音楽は音で表現される芸術である。

沈黙は音に縁どられることによって、はじめてその厳粛な姿を現す。

いかに激しく音が響いても、その背後に赫々たる沈黙を表現すべきであると思い至った。

音と沈黙は一如にある、という世界に行きつかねばならぬと悟ったのである。

しかし本当の苦労はここからはじまった。

いかに手腕や技法に磨きをかけたところで、そのような境地は表現しえない。ひたすら感受性を微妙鋭敏に陶冶して、異界ともいうべき次元の縁を感覚するよりほかはない。この国の芸術家は古よりこの道を歩んできたのである。
「紅葉狩」を観て沈黙を語らせるというヒントを、二十歳をすぎたばかりの私は得た。だがそれは億兆年の孤独に耐えることでもあることを、やがて知るにいたる。

邦楽のあらゆる声楽曲の基は仏教音楽の声明にある。声明は法会などで唄われるお経に旋律をつけたもので、誰もが一度は耳にしたことがあるのに違いない。

ことに重要なのは発声法である。姿勢を正し臍下丹田に重心が落ちるようにして、やや顎を引き声帯を狭くし、喉を緊張させるようにして発声する。そしてこれらの唄を特徴付けるのはノン・ビブラート的な唱法の偏愛であろう。ビブラートの細やかな変化とノン・ビブラートの織りなす微妙な緊張感に、私どもの祖先は無上の美を見いだした。

しかし謡はこのような歌唱法とはずいぶん異なる。邦楽においては異例としかいいようがない。しいて近親性を求めるならば浄瑠璃であろうか。

発声法は声明に基づいているが、強く激しいビブラートの多用という点では、まるでイタリア・オペラのベルカント唱法を彷彿とさせる。しかしベルカント唱法ですらこれほど甚だしいビブラートは用いない。

長唄を謡の唱法で唄えば、長唄の繊細な美は一瞬にして破壊されるだろうし、また長唄の唱法で謡を唄うことも不可能である。しかし激しくうねるようなビブラートによって、能は深層心理をえぐる深甚な世界を表現しうる。

幽冥から寄り来たるものの妄執と渇愛を、このような唱法によってはじめて表現しえたのである。

奇妙なのは囃方が発する掛声だろう。

ヨーイ、ハ、ヤ、などの掛声は拍節を示し間合をとるために発せられるが、聴きようによってはけたたましい鶏鳴や獣のうなり声のようで、不気味ですらある。

私の知っている限りの民族音楽において、これほど独特というか奇妙な発声法を聴いたことがない。はたしてこれは掛け声なのか。

長谷川如是閑は「(能の囃子は)恰も、日本の武道、即ち剣道や柔道や弓道等に於ける『気合』と、ほとんど同じ性質のものゝやうに感じられるのである」といい「能は気合のオーケストラ」とも述べている。私も如是閑と同意見で、この特異な発声は気合というのがより正鵠を得ているように思え、気合のオーケストラとはまさに言いえて妙だ。しかしそれだけではない。

稚いころ友人の父親に連れられてオバンチャンと呼ばれる霊媒師を訪ねたことがある。なぜ彼が私を伴ったかは覚えていない。古い長屋の連なる脇道の奥角に道場と呼ばれる仕舞屋《しもたや》風の店《たな》があり、ガラス戸を開けると土間になっていて、十畳ほどの部屋の奥に壁面一杯の祭壇が設けられていた。

オバンチャンは小柄で眼光の鋭い白髪の老女だった。取巻のような中年の女性が何人かいて、友人の父親が何ごとかを願うとオバンチャンに取り次いだ。オバンチャンは祭壇に向かってしばし呪文のような言葉を繰返していたが、やがて喉を詰めたような長い呻き声を幾度も漏らした。そのとき隣にいた女性が、「ほら仏様が降りましたよ」と小声で囁いた。呻き声はまるで地の底から響く不気味な異界の声のように聞こえた。

何の曲か忘れたが後シテが登場する場面で、囃方がそれまで聴いたことのない掛声を発した。怨念のこもった太く長く引延ばされた呻き声である。これを掛声といえるかどうか、明らかに拍を正し間合をとるものとは思えなかった。

そして不意にオバンチャンのことを思い出した。かの老女の声は囃方の声に酷似していたからだ。まさにその声に導かれるようにして、後シテの扮するこの世ならざるものが姿を現したのである。

この掛声が発せられるや舞台には何ごとかが顕れる気配が霧のようにたちこめた。さらに気配を醸すのは能管の甲高い音色だ。空を切り裂くような響きは明らかに古代から降霊に用いられた岩笛《いわぶえ》の音色を彷彿とさせる。

神懸《かみがかり》には楽器の介在が不可欠であった。建内宿禰が審神者《さにわ》を務め、神功皇后自らがツテ（霊媒）になり、仲哀天皇が神招《かむおぎ》の琴を弾かれたことが古事記に見える。神や霊は清らかな音に乗って、あるいは導かれてその身を現すのである。能舞台は神を降ろす神斎庭《ゆにわ》であり、囃方は巫覡《かんなぎ》にしてワキは審神者なのではないか。そしてシテは神にも亡者にもなる。

武士階級にとって能は鎮魂の儀式だった、と日本史家の佐藤直陽氏は指摘する。古代より死は最も忌むべき穢れであった。死穢に触れれば厳重に修祓せねばならなかった。しかし武士は戦場で武功を立てるのが務めであり、死の穢れを背負って生きねばならぬ宿命がある。能が武家に隆盛したのには理由があるという。

「――能において死者と対話する形式の演目が多いのも、武士という『観客』を意識したものであろう。戦場で相手を殺すという行為を繰り返し、そして破った相手の土地から略奪や人間狩りを行うのが武士だ。（中略）武士たちは相手を殺したことによって『穢れ』を浴びたり、死者が霊となって復讐するのを恐れて慰霊碑を建てた」。疫病の蔓延なども死者の呪いと考え鎮魂の社を寄進したりもした。

能において描かれる死者たちもまたこの世に深い未練と妄執を遺した者たちである。

「その死者たちが舞台に現れ、嘆きや悲しみ、怒りや妄執を吐き出す。観客である武士はそれをしかと聴き続ける。そこにあるのはただの舞台芸能ではなく、死者と生者、あるいは敗者と勝者の向き合う場所、そして観客の『穢れ』が祓われる場所といって良いだろう」

能舞台において亡者は橋掛を渡って現れる。

橋掛は幽冥界とこの世を結ぶ境であり、舞台がわずかに高い緩やかな傾斜が設えてある。この工夫は古事記の黄泉平坂からヒントをえたのだろう。霊は天から降りるのではなく、冥く鎮まる場所から登ってくる、というイメージがあったのに違いない。死者の住まう黄泉の国は地界にあると信じられていたからだ。そこには我らの祖先が共有していた幽冥観、古代から受継がれてきたシャーマニズムの遺風が濃厚に反映されている。

その坂を後シテの死霊が歩むとき、現世に向かう魂の重く暗い淵がより深まる。この緩やかな傾斜はそのための工夫なのであろう。

夏の盛の四十日余りを十五世紀に建造されたイタリアの古城に滞在した。ウンベルティディという町を見はるかす小高い丘の頂に、シビテラ・ラニエリというその美しい白壁の城はあった。

城壁がめぐらされてはいるものの、城というより優美な館という趣がある。しかし内部は案外簡素で、歴代の城主と夫人の肖像画が掲げられた大広間を除いては、黒く太い梁が剝き出しの部屋もあり、なんとなく殺風景な印象を持った。

中庭の隅にチャペルがあり、日曜日になると近隣の住民が礼拝に訪れた。祭壇や調度品も清楚で、心を鎮める清澄な静けさがみなぎっている。洗礼盤の前の白壁にやや大きな画を懸けた痕があった。ディエゴという管理人はそれを指差し、

「ここには『聖セバスチャンの殉教』の絵が懸けてあったのです。でもあることがきっかけで取り払われました。どうしてか判りますか。日本人に関わりのあることですよ」

といかにも愉快そうに問うてきた。ややあって、

「三島由紀夫の小説がイタリアで有名になったからです」

というなり体を捩るように大笑した。

彼のいうのは「仮面の告白」のことである。この小説の若い主人公は、何本もの矢で射抜かれた瀕死の聖セバスチャンの絵を観て、暗い欲情を覚えた。多分このチャペルに関わる聖職者たちは、このての絵は若者の教育に悪い、というたわけた思惑で取っ払ったのに違いない。

面白いことにこの城には幽霊が出るらしい。それも宿泊客だけが見るという。寝につこうとベッドの明かりを消してまどろむ間もなく、異様な気配が部屋に満ちてくるのに気づく。息をひそめて様子を窺っていると急に気配が昂まり、恐怖にかられて明かりを点けると気配はさっと掻き消える。

影のような姿を見た人もいたらしいが、たいていは気配を感じるのみという。しかし気配が膨らむときの怖しさはいいようのないものらしい。幸いというべきか私は怪しいものに遭うことはなかったが、イタリアの幽霊が醸す気配とはどんなものかと思う。

このような異界の気配を感じるのは五感ではない。第六感というべき感覚が働くのだろ

うが、普段はその感覚器官がどこに仕舞われてるのかわからない。能は第六感の存在を気づかせる。

第六感という言葉がふさしいかどうかしらないが、知覚を超えた状態に導かれる、といっていい。しかしもう一つの感覚、第六感というより適切な言葉が思いつかない。

そのような感覚を啓くために能はあるといっても過言ではない。目に見えざるものを見、耳に聞こえざる音を聞くのは、第六感というべき感覚が呼び覚まされるからだ。

音楽もまたその役割を担うものであった。

神や霊は楽の音《ね》に乗り、あるいは導かれてその姿を現すと述べたが、此岸と彼岸を一条の光で結ぶのは、音楽家の非日常の感覚の働きなのである。その感覚を鍛錬するのが祖先以来受け継がれてきた芸道なのではないか。

およその芸術家は己の感覚を研ぎ澄まし拡げる努力を怠らない。それが臨界したとき闇を払うように異界への窓が開かれる。そして何ごとかを知るのである。

イタリアは初めて訪れた国にだけに、面白く見聞することが多かった。しかし最も心に訴え響いてきたものは、この国の風光の美しさだ。

湿潤な日本の大気の醸す穏やかな肌触りとは較べようもない、すべてのものの陰影が明瞭にきわだち、空は目が眩むほど青く光に満ちている。しかも植物相が日本とはまったく印象が異なる。天を衝く糸杉の並木、野生のオリーブ林、鮮やかな花で彩られた野原、一木一草一花にいたるまで潑剌とした生命が輝いているように見え、この風景に佇む私の魂をしなやかな手で慰撫し、血流に活力をあたえるように感じられた。

光を散りばめたようなイタリアの音楽は、この風土から湧きあがるようにして生まれたのだろうと、しみいる思いがした。

しかし環境が余りに変りすぎ作曲の筆が進まずに往生した。

そのことをお琴の吉村七重さんにメールすると、

「あなたには湿った空気が必要です」

との返事が来た。まったくそのとおりだと納得した。

城の生活にも慣れたある日、初めて城外を散歩した。真直ぐに伸びた農道をたどりヒマワリ畑とオリーブの林を抜けると、いつの時代とも判らぬ砦のような遺跡があり、その中庭とおぼしきところに一本の幹の太い黒松があった。

イタリアは松の多いところとは聞いていたが、見るのは初めてだった。育ちすぎたアスパラガスのようで枝ぶりはよくないが、両手を広げたような姿が鏡板の老松を想わせ、なんとなく旧知の友に出会ったような懐かしさを覚えた。

イタリア人は松にどのような感慨があるのかは知らないが、古来日本人は松に特別な想いを懐いていた。めでたい長寿の木であり、神霊が降臨する聖なる木でもあった。

能舞台正面の鏡板に描かれた老松は、奈良春日大社の影向《ようごう》の松のもとで神事が行われたことに由来するといわれる。影向とは、降臨した眼に見えぬ神の仄かな気配を感取することであり、建築家で染井能楽堂を設計した山崎楽堂氏は、「今に至っても演者が登場の最初に次第を謡うとき、聴衆には背けて鏡板に向かうこと、これ神樹を敬仰する昔ながらの姿である」と述べているように、松は神の依ります神籬《ひもろぎ》であり老松の絵は神樹を見立てたものであろう。

さらに山崎氏は、脇鏡板の竹絵は古い縁歴も要因もなく、後世単に羽目板の空白が寂しいと描かれたにすぎぬ、というような身も蓋もないことを書かれているが、穢れを祓う忌竹の見立てと考えれば納得がいく。

観客は演能がなされる前の静寂の舞台に、すでに松籟と竹籟の密やかな二重奏を聴くのである。

廃墟の松を見上げながら、この松に依ります神はいかなる神ぞ、と思いをめぐらせた。
日は沖天にあり、深い藍色の空が隈なく広がっている。

映画、舞踊、そして音楽

小栗康平さんの日仏合作映画 Foujita の音楽を担当した。

撮影がほぼ完了し、台詞のみのラッシュ・フィルム（粗編集のフィルム）の画面を初めて観たとき、

――この映画は音楽を拒否しているのではないか、
という思いにとらわれた。

Foujita は私の知っているいかなる映画の観念とも異なる、尋常ならざる道を歩むものに思えた。

すべてのシーンの瞬間が、そのまま一幅の絵のような動かしえない構図の美しさがあり、静謐微妙なうるわしさを湛えている。

音楽や効果音がないだけに孤高清廉な映像美を際立たせ、いかなるものの干渉をも峻拒

しているように感じられた。そして符合付随するような音楽を欲しているのではなく、映像の奥底にあたかも通奏低音のように流れる音楽のありかを掘りあてよ、と問いかけているように思えた。

——しかしどうすればその水脈を探しえるのか、

正直思い悩んだ

脚本を読んだときからいささかの予感はあったが、台詞と映像のみで揺るがしえない世界が既に確立されており、劇伴（ドラマや映画の音楽）の常識がまったく通用しない映画であるのを肯わざるをえなかった。情動的な具体性をなしえるかぎり抑制し高度な抽象性に昇華された世界に、ふつつかな音楽が混入して、静謐の美に瑕をつけることを懼れた。

各々のシーンの内容によって、音楽も情緒的に適合するのをこの映画は求めていない。

——それでは音楽に何が可能なのだろうか。

二十代半ばのころ、アルバイトと勉強をかねてある劇伴作曲家の手伝をしたことがある。そして劇伴の「要諦」なるものを諭された。

「映像につかず離れずでしゃばらずが肝心」であって、観終えたあとに「そういえば音楽があったなあ」と感じさせるのが上々と教えられた。その観点からいえば小津の映画は典型であろうし、ほとんどの劇伴はこの要諦に副って書かれている。

無声映画時代、絵柄を説明するためにスクリーンの暗い片隅で演奏された楽士たちの音楽と、トーキー以降の映画音楽もその基本的な役割は何ら変わらない。その役割とは情景描写、心理描写、気分の高揚、雰囲気の誇張などである。

愁嘆場には悲哀を、恋人が睦みあうには甘味に、戦闘には勇壮な音楽を用いるのがごく常套な方法で、製作者や監督が怖れるのは、この定石が破れることにある。ゆえに無難が求められる。あまたの映画が一過性の娯楽に過ぎないことを考えれば、音楽もまた常道を踏み外すことはない。

まだ音楽の入っていないラッシュ・フィルムを観ると、俳優の演技と台詞のみの映像は実に頼りなげで自立しえず、いまや遅しと音楽を待ち受けている、という印象を持つ。そして音楽が入るやいなや生き生きと呼吸を始める。音楽は映像を活性化し観客の情緒をたかめる栄養ドリンクのような役割を担うのである。

しかし Foujita は違う。

そのような手垢とおびただしい指紋にまみれた無難な定石なぞ求めてはいない。映像に終始流れさざめく通奏音を聴取り、それを具現せよといっているのである。

やがてラッシュ・フィルムを幾度か観るうちに、ある微妙なことに気づいた。

ストラヴィンスキーは「すべての音楽は、まさに休息の定点に向かって集中する一連の躍動《エラン》である」といった。音楽を映画と換えても同義である。

だが、Foujita のシーンからシーンへ、映像から映像へと推移変化する時間は、終止への定点に向かって弧を描いて伸びるものではなく、あたかも輪廻するように穏やかに廻り、あるいは寂静のなかに佇むような時の感覚に満たされている。そして終始一貫してオーラのごとく発せられる「気」の流れを、音楽で掬い取ることこそが音楽の担うべきことではないか、と合点するようになった。

Foujita は画家藤田嗣治の二つの時代を俯瞰している。一九二〇年代のパリと戦時下の日本である。しかし歳月をたどる物語の脈絡よりも、藤田という一個の個性の気脈のごとき結ぼれに重きがおかれているのではないかと思え、私の音楽もまた映像の気脈に通じ結ぼれるべきであろうと得心した。

しかし音楽の入るシーンは、通常の映画に較べて極端に少ない。音楽の無いシーンが長く続いた後に唐突に音楽が鳴る不自然さを避けねばならぬ。シーンの内容と映像の雰囲気が重要なのは勿論だが、和声の変化と旋律線の工夫によって、仄かな倍音が映像の縁に烟り、それが聴覚上の残像として留まるようにと思慮した。

たとえ音楽が用いられていないシーンにおいても、観客の耳には無音の通奏音が影のように響く一つの方法であろうと考えたからである。

言葉にすると何やら浅薄な思惑にすぎないが、作曲に要した時間より、このような志向をえるまでが苦労した。

こんなことがあった。

仙台フィルハーモニーとの録音を終え、ただちに音楽と効果音を映像に定着させるダビングという最終段階の編集作業に入ったときのことである。

ひとつだけ小栗さんから柔らかな抗議を受けたシーンがある。

何百年という樹齢の、まさに神さびた聖樹としかいいようのない天に枝葉を広げた巨木が、ロング・ショットで撮られている。

「音楽はとても美しいと思います。しかし観る人に予断を許しませんか」

私はこの巨木の雄大で聖なる佇まいに受けた感銘を、そのまま素直に表現した。人の振舞を超えた圧倒的な存在感に神秘を覚えたといってよい。恣意的ではないにせよ、私の感動が濃厚に反映しており、それはまた主人公の精神性を象徴するものに思えた。しかし小栗さんは、

「この巨木の映像を観て、人はいかようにも感じます。そして藤田がどのように感覚したのかも判りません。観客の感情を一方向に牽引するのはどうでしょうか」

というような意味のことをいわれた。小栗さんは言葉にこそしないが、この曲が一貫した気の流れに捻じれを生じさせたことを敏感に感じとったのである。映像と重ねあわせてみて、私も同様な印象を受け、直ちにこの曲を取下げることにした。

小栗康平という映画作家の志操は、あまたの映画監督の逆を向いている。常の監督ならばこの樹のシーンに大いに意味付けをするだろう。それは主人公の人生の予兆であり、象徴であり、精神の反映などと捉えるに違いない。それによって物語を運び、時の流れにそった予定調和の世界が展開する。しかし小栗さんはそれを放擲する。放擲することによって観る者の感覚する選択肢の自由を拡げるのである。

映画という媒体は資本社会における消費の一つにすぎない。それに付帯する音楽もまた

その一部であり、クラシック音楽のあからさまなコピーが大手を振って罷り通るのもそのゆえである。しかし誰もそれを不思議に思わないし、映画監督たちもそれで事足りている。なぜ映画に音楽が必要か、という根本的で素朴な疑問を抱くことすらなかったのに違いない。

六〇年前後にフランスで世界の現代音楽を俯瞰する本が出版された。日本に関するわずかな記述のなかに、黒澤明の「羅生門」の音楽を取りあげ、「ラヴェルのボレロをなぞっただけの音楽が通用するのは日本人の音楽的教養が知れる」と身も蓋もなく手厳しく指摘している。

黒澤明の「羅生門」は一九五〇年（昭和二五年）に公開され、翌年のヴェネツィア映画祭で金獅子賞を獲得した。しかし音楽が余りにラヴェルのボレロに酷似していることが問題になった。

しかし知人の音楽評論家が「確かにボレロのコピーだが、羅生門にこれほどふさわしい音楽もない」というのを聞いて、映画音楽の存在理由がその程度の認識しかされていないことに溜息がでる思いがした。

音楽を担当したのは早坂文雄である。

西村雄一郎氏の著書「黒澤明と早坂文雄」によると、ボレロのような曲を書いてほしい、と要望したのは黒澤だった。脚本を書いている黒澤の頭の中に、ラヴェルのボレロが終始鳴っていたからだという。

私は早坂の「七人の侍」の音楽をこよなく愛しているが、「羅生門」がいまだに世界中で観られこの音楽が聴かれているかと思うと、身の置所がないような気分になる。たとえ黒澤から強く要請されたにせよ、早坂がなぜボレロを引写したような音楽を書いたのかわからない。早坂は十分その愚を知っていたはずだ。

映画に限らず音楽はあらゆる舞台芸術に深く関わっている。ことに舞踊である。あるとき、ニューヨークで現代舞踊のコレオグラファー（振付師）の人たちと座談する機会があった。話がひと段落ついたとき、

「なぜあなたがたのダンスには音楽が必要なのでしょうか」

と、少々意地の悪い質問をしてみた。すると急に座が白けたようになり、ややあって女性のコレオグラファーが、

「そんなこと一度も考えたことはないわ」

といい、いまさら何を、という顔をした。

話はそれで終わったが、やはりそうなのだろう、と莫迦な質問をしたことを後悔した。現代舞踊のみではない。世界中のすべての舞踊は音楽を失えば成立たない。舞踊にとって音楽の存在は揺るがしがたく自明であり、そこに疑問を挟む余地はない。

私はいままで多くの舞踊に関わってきた。しかし音楽を用いなかった舞踊を観たのは実に一度だけだ。舞踊と音楽はまさしく表裏一体でありこれを断つことはできない、と誰もが思う。

座談のあとに舞踊専用のホール、ジョイス・シアターに知人の女性コレオグラファーのリハーサルを観にいった。

音響スタッフがまだ来ておらず、最初のリハーサルは音楽抜きで行われた。聞こえるのは舞台の床を擦る舞踊家たちのシューズの音と、息の音のみである。

そのとき私は不思議な感動を覚えた。

踊手たちの動きが激しさを増すほどに、静寂が影を落とすように思え、全員がポーズをとり荒い息が舞台に満ちると、なお陰影が深まるように感じられた。

そして彼女の厳しい叱声が飛ぶたびに、静寂に奇妙な捻れが生じた。正直私は彼女が新しい境地をえたのではないか、と嬉しい気持ちになった。

やがて音響が調いリハーサルが再開されると、舞踊家たちの動きは嵐のような音楽に翻弄される操り人形のようにも見え、先ほど覚えた感動はどこかに霧散してしまった。

彼女がなぜこの曲を選んだのかはわからない。着想をえて曲を見つけたのか、曲を聴いて着想をえたのか、いずれにせよ表現したいと望んだ世界とは大分乖離しているように思えた。音楽の波状的なリズムを舞踊の効果音に用いているのにすぎず、何のために音楽を用いるのか、という根本的な思考が欠如しているのである。

もし私がコレオグラファーなら、と不遜にも考えた。

私がコレオグラファーであり独創的な舞台を創りたいと希求すれば、音楽の依存を最小限にすべく工夫するだろう。できうる限り何ものにも頼らず、素の肉体のみで表現すべき、と考えるのに違いない。それは芸術家としての自尊心がそうさせる。

異論があるのは承知である。大方がそうだろう。

思いだすのは六十年代から七十年代にかけて隆盛したアンダーグラウンド・シネマのことだ。シネマ・フェスティヴァルが催されるたびに、あれはロック・フェスティヴァルだ、と陰口がたたれた。ほとんどの映画にロック・ミュージックが付けられていたからで、観終えればただ激しい音楽が耳に残るだけだ。しかし噛える話ではない。

私は十代の半ばまでを邦楽の環境に育った。

母が藤間流の師範であり祖母も趣味に三味線を教えていたからである。

幼いころ夕方になるとお稽古着の娘たちが集い、匂うようにあでやかな雰囲気に家中が包まれた。上気した娘たちの頬や、はじけるような笑い声とともに、いまでも、そこだけがほんのりと明るい記憶の場所となって、私にはある。

中学のころには松緑や勘三郎の芸風を大人にまじっていっぱしに論じていたのだから、ずいぶんこまっしゃくれた子供だったのだろう。

しかし十五歳になったその年の夏、はじめて観た能の舞台に魂が凍りつくほどの感銘をえてから、能という気圧の高く充塡された世界、宇宙観に実に長い間幻惑されるほど魅せられたのだった。

そして、作曲の仕事をはじめてから多くの現代舞踊に関わるようになった。

幾人かのコレオグラファーとの共同作業を通して深く興味をもつようになり、現代舞踊は私が馴染んできた日本舞踊や能とは、その思考と方法がまったく異なることに新鮮な驚きを覚えたのである。

それとともにきわめて素朴な疑問が生まれた。ダンサーはなぜこれほどまで肉体を駆使しなければならないのか、ということである。

彼らは重力に抗うように跳躍し、走り、ねじりゆがませ、その肉体的能力を最大限に機能させねばならない。

しかも爪先を高くあげ凍てついた姿勢を保つために、一筋の靭帯は無数の靭帯へと精密な機械のように連携し、その身体をあえぎ支えている。

汗にまみれ、苦しい息の中で塑像のような美を現し、次の跳躍への瞬間にそなえている。

しかし彼らは動作を止めることができない。

肉体がほとばしるのを止めることができない。

速度を減ずることができない。

肉体を楽器のように常に鳴り響かせ、絶間ない拡大膨張を余儀なくされている。

なぜだろうか。

これがバレエの末裔の業とでもいう本質であるなら、私にはきわめて反自然的な行いのように思えたのだった。

琉球の神話にあるニライカナイという海の彼方の理想郷から寄来る神々のように、能が水平世界に生起するものであるなら、バレエも現代舞踊も切り立った垂直世界に起因し、天と地の厳しく隔絶した緊張感に耐えるもののように思える。常に加速度的な動きをするダンサーの姿はまさしく虚空の何ものかに向かって走り叫ぶように観えはしないか。

それにしても一瞬の象徴的な身振りで足りるものを、無数の身振りにまでなぜ敷衍しなければならぬのか、私には推りかねた。

アントン・ウェーベルンの「弦楽四重奏のための六つのバガテル」(一九一三)は全五楽章の曲だが、演奏時間はわずか三分余りである。アーノルド・シェーンベルクはこの曲を、「たった一つの身振りで長編小説を、ほんの一息の吐息で幸福を表現すること。このような凝縮は個人感情に溺れない自己抑制によってのみなしえる」と評した。

ウェーベルンのほとんどの曲は五分前後で、一分に満たぬものもある。柴田南雄氏は、ウェーベルンは象徴ということのまことの意味を悟った、ヨーロッパの最初の作曲家だと指摘する。作品の規模がただ小さいというのではなく、「微小な空間の中での、あくまで緻密な、デリケートな無駄のない表現を欲したのだ。いわば古典派の数十小節が、ウェーベルンでは数音符に凝縮されているといってもよい。ロマン派の分厚いハーモニーの塡め物は、ウェーベルンでは二、三の垂直音程に象徴されているのだ。いや、そういう物のたとえ方はおそらく間違っている。彼は音楽構造の本質だけしか語ろうとしなかったのだ。彼は《象徴》ということの真の意味を悟った、ヨーロッパの最初の作曲家といってよいかもしれない。だから、それが我々の伝統音楽、とくに能のそれと、時に意外な近親を感じさせるとしても少しも不思議ではない」

極度に切詰められた純度の高い抽象性、気配のごとき象徴性というものは、かつてこの国の伝統芸能の神髄をなすものであった。それは永い時を重ねて純化されてきたのである。たとえば能は舞踊であり呪術でもあった。

舞台を踏鳴らし短く大音を発するのはたんなる所作ではない。悪霊を払うための呪《しゅ》であった。その起源をたどればこの国の黎明に行着くだろう。

祭祀において人々は大地を踏みとどろかせて地霊を鎮め妖魔を退散させたのである。やがて能に継承され切詰められた象徴的な所作に昇華されたといっていい。相撲で四股を踏むのも同様の伝統に基づく。

ウクライナのメジンというところにおよそ二万年前の遺跡がある。

そのころのヨーロッパはウルム氷河期といわれる時代だった。メジン遺跡が特異なのはすべての住居がマンモスの骨や牙で建てられ、屋根はマンモスの毛皮で覆われていた。そしておびただしい数のマンモスの骨で作られた楽器が発掘されたことである。

ほとんどが肩甲骨、大腿骨、下顎骨などで作られた打楽器であった。しかも手のこんだ細やかな装飾が施されていた。

楽器は一つの棟にのみ保管されていた形跡があり、楽器というものが特別な意味あいを帯びていたことを示している。

ことに学者が注目したのは、細い穴が穿たれたあまたの小さな巻貝だった。彼らはその穴に紐を通して幾つかの巻貝を結びつけ、ガラガラとして用いたのではないか、と考えた。つまり踊手たちが手首や足首にガラガラを巻きつけ、踊りながら音を発したのではないかと推測したのである。

音楽がいつごろ生まれたのか誰も知らない。

言語が先だったのか音楽が先であったのかも判らない。言語が未熟だった時代、音楽がコミュニケーションの有効な手段だったかもしれず、喜怒哀楽の感情を他者に直截訴えるのに力を発しただろう。

だが数十万年以前、たとえ空ろな木を太鼓に用いていたとしても、やがて朽ち微塵に還れば何の痕跡も遺さない。舞踊は無形であり、なおさらその痕跡を求めるのは難しい。小さな巻貝に穿たれた細い穴を見て、舞踊に用いられたのだろうと推測するしかないのである。

そして学者たちは舞踊は疑いなく歌を伴っていたと結論した。舞踊と歌は切り離すことのできないシャム双子のように一体であり、ロシアの考古学者S・N・ビビコフは、多くの民族が舞踊と歌を今なお同一の言葉で表すのが、その名残であるという。

もしビビコフの説が正しく、歌と舞踊が同じ意味を表すなら、踊手は必ずや歌いながら舞ったのだろう。だからこそ歌と舞踊は一つなのである。つまり彼らは踊手であり歌手であり、シャーマンであった。

世界各地に伝承される祭祀には、音楽と舞踊を結ぶ強い紐帯があり、たとえ形式に堕した残滓でしかないとしても、いまだ何ごとかを感知させる力がある。

メジンの人々にいかなる形態の信仰があったのかは判らない。しかし楽器を保管するための棟が建てられたことを勘案すれば、楽器には特殊な役割があり、安易な娯楽に用いられたりはせず、祭祀などの重要な祭式にのみに演奏されたのだろう。楽器そのものが神聖さを帯びていたのである。

そしてガラガラを身につけた踊手が、歌をうたいながら打楽器の音楽に合わせて舞ったのに違いない。音楽は神が降るための一筋の道を拓き、踊手は神の心を和ませる魂招《たまおぎ》をなしたのであろう。


ずいぶん昔のことだが台湾の台南市近郊の町に、王醮祭を見物するために出かけた。この祭りは悪霊を払い清浄な気を大地に満たして、王爺という神を迎えるために催されるという。

タンキーと呼ばれる大勢のシャーマンが近隣の村から集い、極彩色の舟形の山車を曳いた。タンキーのなかには手にした長剣で自らの体を傷つけ、おびただしい鮮血にまみれた者もおり、観客も突然奇声を発して失神したりして、異様に高揚したシャーマニックな雰囲気が横溢している。

道教寺院の門前に四階建てのビルがあり、正面の壁が取り払われた最上階では、娘たちが神殿に向かって踊っていた。しかし道路から見上げてもよく見えない。なぜなら娘たちの踊は、神に奉納し神のみが観るためのものだからだ。背後には伝統楽器の楽団が控え、空に向かって輝くような響きを放った。

　時々観客が歓声を上げるのでよく観ると、彼女たちは白い太腿を露にしたショート・パンツ姿で、それとなくエロチックな仕草をするからだ。どこの神社か忘れたが、テレビで観た猿田彦と天鈿女《あめのうずめ》の舞も、笑いを誘うあからさまなものだった。メジンから妊婦を思わせる豊満な彫像が出土しており、彼らも子孫繁栄と豊穣を願い、このような踊を捧げたのだろう。


　私ども芸術家がとうに失ったものとは、眼に見えぬ大いなる何ものかに畏まる心だろう。「歌」とは「訴える」が語源であるといわれる。たとえ素朴な音楽や舞であっても、無窮の彼方の何ごとかに訴え、感応し、魂を醸すためのものであった。

　宗教ではない。

　宗教という人間が考案した教えに則るものではない。

　遥かなる太古から私どもの魂の鏡に反映する光の在処のことである。それを神とも霊とも、あるいは天と呼んでさしつかえないが、それでは余りに不十分だ。

あからさまにいえばあらゆる宗教のいうような帳に秘匿された幻想ではない。何ごとかの大いなる魂との直截の交流であり、なぜ人は花を「美しい」と感じるのかという美意識の生まれた根源のことである。

古来、芸術家は己にとって美とは何か、という霞のごとき不可測な世界を探求するのが努めであり、芸術が存在する証でもあった。

しかし今日の芸術にはその片鱗も見出せない。芸術はもはや娯楽を支える道具の一部にすぎず、誰も晦渋深刻な芸術なぞには興味はない。少々高級な楽しみであればいいのである。

それはまた時代が望むものだ。前述したように映画は資本社会の消費の一部であり、誰もそれ以上のことは望んでいない。映画芸術という言葉はもはや死語でしかない。

私は時々この時代の希薄な空気に目眩を覚える。

私の肺にはもっと濃厚な空気が必要だ。

高い気圧で充塡された酸素ボンベはどこにある。

歌うということ

詩人は書き画家は描けばそれで作品は完結する。しかし音楽はそうはいかない。

作曲を終え楽譜を仕上げてもまだ音楽ではない。楽譜は記号化された複雑な地図にすぎず、それを演奏家が読み解き具現化してはじめて音楽として成立する。しかも演奏次第で音楽の容貌がまるで変わる。曲の生殺与奪は演奏家が握っているといっていい。

ある演奏会のあとの小さなパーティーで、たまたま隣席した初老の作曲家の、溜息のような言葉が忘れられない。

私はまだ若く意味もなく意気軒高で、はたから観ればずいぶん小癪に思えたろう。

その人は私の気負った言葉にうなずきながらも、諭すように、大方の作曲家は三重苦、いや四重苦にまみれた存在だが、自明なことなので誰も口にしないと言った。

作曲家というものは曲を書くのに苦労し、発表する機会を得るのに苦労し、よい演奏家を見つけるのに苦労する。しかも教師の職でも得られればいいが、生活を成立たせるのに大汗三斗もかかねばならず、一見華やかに活躍しているように観えても、その実、足もとは実に厳しい。

とりわけ一本の道を歩むように、おのれの創作に忠実であろうとすれば、さらに四重苦が重くのしかかる、と穏かに言った。

私は友人の知合いという作曲家が、不可解な死をとげたことを聞いたばかりだった。病死ということになっているが、どうやら貧苦に悩んでの自死だったらしい、という噂も耳にしていた。芸術家なら貧乏は覚悟のまえ、とは了見していたが、少なからずうろたえた。その人の話を聴いて、どうやらこれは他人事ではなく、いずれ私にも降りかかってくることだろうし、世間知らずの軽々な態度が急に恥ずかしくなった。

ことに難しいのは優れた演奏家との出会いで、「せいぜい小器用な演奏家でよしとせねばならないのが、つらいところだ」と自嘲するように嗤った。

作曲家と演奏家のかかわりにはいいがたい難しさがある。

新曲の最初のリハーサルに立ちあうとき、作曲家は心にさざ波が立つような不安を覚えるものだ。想い描いた音楽を楽譜上で巨細なく表現しえたか、という内省もあるが、はたして演奏家は曲をどれほど理解しているか、という懸念である。

しかもたいていが初対面である。海外であればその演奏家の評価や能力など知るよしもない。

意思疎通に手間取り、あれこれ頭を悩ましてどうにか無難な演奏の水準にまで引き上げるのに、リハーサルのほとんどの時間を費やしてしまうことが多々ある。

ここはこのように演奏して欲しい、という作曲家の言葉を頭では理解しえても、どのようにすればその表現が可能か、ということを思いめぐらす能力に欠ける演奏家も少なくない。

近頃は技術に拙《つたな》さのある演奏家をあまり見かけなくなった。

しかし音楽は技術のみで生み出しえるものではない。

多くの演奏家はこれを誤解しているふしがある。

技術力を磨くことが音楽の修練と錯覚している。

技術的に遺漏のない演奏をするのは必須だが、音楽は技術を超えたところからはじまる。

ゆえに技巧を要するパッセージを難なくこなしえても、テンポの緩やかな数小節の旋律に四苦八苦するような笑えないことがおきてしまう。

しかも、大局的に曲を把握する能力と、表現力の豊かさを培う修練をおざなりにしている。大局的把握というのは、刻々と表情を変えゆく音楽の、時間的生起を凝縮し俯瞰する能力のことだ。それをなすものは、表現のもとにある鋭敏な感覚だ。

しかし感覚、感性を研き養うのに具体的な方法などありはしない。教師もそれを教えることは不可能だ。演奏家自身がおのれの魂の深奥から見出すよりほかはない。ただ教師は生徒にみずからの表現について語り示唆することはできる。なぜこの*f*が五小節後の*f*と強さが異なるのか。なぜここで楽譜には記されていない「間」を置いたか。あるいはなぜこの部分で一瞬テンポを速めたのか、という曲を象《かたど》る大いなる線の在りかを示唆しえる。それは教師の美意識と感覚による選択にほかならないからだ。生徒はそれを心の耳で学ぶのである。教えるものにとってこれほどの親切心もないが、それを受けとめる才能を見出すほどの喜びもないだろう。

それにしてもこの国の音楽教育ほど不憫なものもない。

ピアノ教師、バイオリン教師でも構わないが、憂慮すべきはほとんどの教師が床飾《とこかざり》のような教養しか有しておらず、この曲はどう演奏されるべきか、という教則本的なことが指導だと勘違いしている。なぜなら教師もそのような指導を受けてきたわけで、カビの生えた教条的な祖師伝来の教授法が正統だと妄信している。

教師の固定概念を長年にわたり注入された生徒は、たとえ成人してもその囲いからなかなか抜け出しえない。自らの頭と感覚で音楽を思考する道が閉ざされていたからである。このような教師にレッスンを受ける生徒は、まず才能を開花させることはないであろう。

音楽において、指導するとは字のごとく道を指し示し導くことだ。道とは芸道のことで、自己の感動というものを他者と共有することにほかならぬ。しかもこの国では、いかに無難にまとめあげるか、ということに主眼がおかれているようで、少しでもその枠をこえると、「勝手なことをしてはならん」と叱責されるらしい。破調をきたす、というのである。しかし常識的で破調のない芸術ほど底が浅く面白みに欠けるものはないだろう。

破調とは音の織りなす想像を超えたきらめきであり、新なる美を醸す要素である。常識的な解釈と手先の器用さからは決して生みだしえない。その常識を打破る勇気を涵養するのが教師の務めではないか。

どのような曲を看るにしても、教師はまず、「あなたはこの曲をどのように演奏したいのか」と問うべきである。その解釈によっていかなる表現が可能か、ということを生徒に考えさせなければならない。教師はそれを補佐するだけでよい。諭しえないのは、教師自体が表現すべき何ものをも心底に持合わせていないからにすぎぬ。

アメリカ人のバイオリニストが私の曲を演奏することになり、たまたまニューヨークに滞在していたので、ブルックリンの彼女のアパートにリハーサルを聴きに行った。まだ生徒のレッスンが終わっておらず、部屋の隅でしばし聴いていた。やがて十五、六歳の少女が演奏を終えると、先生は即座に「平和すぎるわね」、と言った。少女はその言葉を理解したのかうつむいた。

「あなたの心の葛藤はどこにあるの。ただ曲に引きずられているだけじゃない。どんなにこの曲が好きでも演奏するからには敵《かたき》なのよ。自分のものにし乗越えなければならない。あなたは若いからそこまではいわない。でも破綻を恐れて音楽が小さくなっている。前にも言ったけれど、いまの倍の感情で弾いてごらんなさい、何が過剰で何が不足しているか判るから」

少女が去ってから、「ずいぶん厳しいんですね」というと、「あの子は才能があるから」、と微笑んだ。

私は、破綻を恐れるな、という彼女の言葉を嬉しく思った。それは、結果いかんにかかわらず、手足を存分に伸ばしてみよ、と諭しているのである。そして、みずから考えさせるのである。

海外の著名な音楽コンクールで、優秀な成績をあげた若い日本人演奏家のことが時折話題になるが、五年もせぬうちにいつの間にか消えてしまうことが多い。

音楽コンクールというのは、遺漏のない技術に優れた演奏者に分がある。最終審査で審査員が二者択一を迫られた場合、技術巧者に軍配を上げるのは当然だろう。技術的練度が評価の要にあるからで、それは日本人の得意とするところだ。

しかし賞を得るということは名誉に違いないが、通過儀礼のようなもので将来を保証してくれるわけではない。世界の音楽界の熾烈な競争に耐え、頭角を現し生き抜くには、説得力のある明確な言葉と芯のとおった個性が重要視される。他といかに異なる世界を表現しえるか、ということだが、そこに曲の未知的可能性をどれだけ引き出しえたのか、という曲に対する新たなる視点が問題になる。

しかし彼らはそのような教育を受けてはいない。まさにおぼこ娘のようなもので、いかに抜群の技術力を誇ろうとも、試練を潜り抜けるだけの気圧の高い精神性に欠け、受賞後に早々と落伍するのはそれゆえだ。

しかし最初のリハーサルですらほとんど文句のつけようのない演奏を聴くことが稀にある。

たとえ解釈が作曲家の意図と異なっていても、納得させるだけの説得力と表現力がある。そのような演奏家は充分な練習を積み、楽譜を深く読みこんでリハーサルに臨んでくる。ゆえに顔をあわせるなり、「私はここをこのように演奏したいが、あなたはどう思うか」と矢継早の質問をしてくる。演奏家の天分というものを分かつのは、自らの言葉で歌いたい、という毅然とした姿勢にこそあるのだろう。それは芸術家としての矜持の問題でもある。

ゆえに作曲者もまた自作に異なる側面と美しさを知り、創作の新たなる可能性を観るのである。

メトロポリタン・オペラで有名なソプラノ歌手が私の歌曲をニューヨークで歌った。彼女のＣＤを聴いていたので楽しみにしていたのだが、曲がこのソプラノ歌手に向いていないことが最初のリハーサルでわかった。

控えめなビブラートでゆったりとした長い旋律を滑らかに歌えないのである。どういう作用か知らないが、喉に力みが生じて声質が変わり、それをコントロールできない。声を張上げて歌うオペラのアリアなら気がつかないが、このような曲では顕わになる。

リハーサルを終えるとプロデューサーが、「どうだ」と訊いてきた。彼は黙って私が指摘する問題点を聞いていたが、「演奏会は彼女で我慢してほしい。録音にはもっと優れた歌手を用意する」と無表情に言った。この曲はいずれチェコ・フィルと録音することになっていたからだ。私は改めてアメリカの音楽界の厳しさを実感した。

いかに世間で名声を得ても、それに続くあまたの演奏家が控えている。その層は厚い。あるていど名声をえれば、あとは安泰、というこの国とは異なる。

あまり使いたくない言葉だが、日本人の演奏家には「自己顕示欲」が必須だ。たとえ眉をひそめられようとも、自分はこのように歌いたい、このように表現したい、という甚だしい我欲を貫き通さねば音楽の道を開くことはかなわない。

そしていかに美しく歌うか、という音楽の根本を忘れてはならない。

歌うとは、記された旋律を歌うことだけではない。

曲のすべてを一つの旋律として歌うことである。どれほど複雑に書きこまれたオーケストラ曲でも、煎じつめれば一本の太い旋律に還元される。その旋律の在りかを見出すことが、演奏家の修練であり才能といっていい。おのれの求める歌とは何か。それをどう歌うべきか。音楽はそこからはじまる。

ニューヨーク・フィルからの依頼で、私は「季節」（一九九九）という曲を書いた。指揮者はクルト・マズアだった。高齢だが精悍さが大柄な体にみなぎっているような印象を受けた。

二度目のリハーサルで、私は指揮台のマズアに向かって幾つかの点で注意をうながした。すると彼は私の言葉が終わるやいなや、I don't know! と叫ぶと、大股に控室に帰ってしまった。

わけがわからず唖然としていると、コンサート・マスターが苦り切った表情で私に近づき、「マエストロにいいたいことがあるのなら私にいってください、必ず伝えますから。彼を怒らせたら収拾がつかなくなります」といい、「マエストロにいろいろ注文をつけたのはあなたが初めてです」と困りはてた顔をした。

しかし演奏会では思いがけないことがおきた。

私の曲がはじまって一分もたったころ、マズアは突然、演奏を止めたのである。何がおきたのか判らなかったが、演奏を途中で止めるなどということは尋常ではない。当然場内はざわついた。しばらくして彼は聴衆に振向いた。するとそれまで聞こえていたしわぶきやざわめきが潮を引くようにおさまり、張りつめた静寂がみなぎった。それを待っていたかのようにマズアは最初から演奏をしなおしたのである。

この曲はほとんど聴こえないような最弱音から開始される。彼はその響きが損なわれないような静けさを求め、沈黙から音楽が導かれるように配慮したのである。

そして幽冥の香りに縁どられた旋律が浮かび上がってきた。それは作曲者が夢想したよりなお仄かで、繊細をきわめた歌に昇華されていた。おのが曲ながら私は息をひそめて耳を傾けていた。

I don't know! という言葉は、「そんな判り切ったことを訊くな」という、苛立ちだったのに相違ない。

青春　一

高校の入学式の日は突然の驟雨に見舞われた。新入生は式のある体育館と校舎の渡廊下で待たされていたが、風も強くなり飛沫が吹きこみ学生服を濡らした。

私の傍らに肌の抜けるように白いほっそりとした生徒が立っていて、胸のポケットから白いハンカチを取出すと濡れた顔をぬぐった。それが佐々木だった。

私は佐々木の容貌に見とれた。もし五分刈りでさえなければ誰もが少女と見まごうだろう。たとえ詰襟の黒い学生服を着ていても。

佐々木は私の視線に気づき、私の方を見た。小さな瓜実顔には不相応な大きな瞳に、怪訝な色が浮かんでいた。

「寒いのか」

私はどぎまぎして思わず訊いた。冷たい水で泳いだ後のように唇が蒼ざめていたからだ。

「いや、なぜ」

「唇が蒼いから」

すると佐々木は恥じらうように俯き小声で怒るように言った。

「生まれつきだからしょうがないだろう」

それで会話は途絶えた。

式典が終わるとすぐに組分けがなされた。私は一組で出席簿順に席が振当てられ、私の机は校庭を一望する窓際だった。すでに雨はやんでおり遠くにかすむように青い山並が観えた。隣の席に誰かが座る気配がして振返ると、渡廊下で言葉を交わしたばかりの生徒だった。

「やあ」

少年は表情を変えずそっけなく挨拶した。そして辺りをはばかるように顔を寄せてささやいた。

「もしかしたらお前と一緒の組になるかもしれないと思った」

私が破顔すると佐々木もはにかむように微笑んだ。

私は佐々木の顔をつくづく眺めた。本当に男なのだろうか、もしかしたら女子《おなご》ではないかとすら怪しんだ。背は高いが骨ばったところがなく、どことなくはかなげで浄らかな雰囲気をまとっている。そして瞳が尋常でないことに気づいた。薄い茶色というより灰色に近く、光彩の周囲は緑がかっているようにも観え、魂が引きこまれそうになる深い孤愁をたたえている。

私の入学した工業高校は男子校で県内各地から学生が集まった。通学に不便な生徒は寮に入ったが、員数に限りがあり抽選で入寮が決められた。佐々木は県境の漁港の出身だが、はなから入寮する意思はなく、私の住いに近い三浦屋という炭屋に下宿していた。当時はすでに石油ストーブや電気炬燵が出回り、家庭の炭の需要が激減していた。もはや炭の商いだけでは成立たず、三浦屋では一膳飯屋と下宿経営が主な収入源に替わっていた。

佐々木と私はバスで通学していた。同じ路線だが顔をあわせることがなかった。彼は始業時間の三〇分前には登校していたからだ。何ごとにも生真面目というのが最初に受けた印象だった。

やがて佐々木の美貌は校内でももてはやされ、何かにかこつけては彼の顔を見に来る生徒が後を絶たなかった。取り巻きの連中がうろうろするようになり、私は隣の席で住いも近いということで何となく嫉妬された。

しかし佐々木の性格は女性的ではない。寡黙だが物言いははっきりして頑固だった。取巻き連中の話には何の興味も示さず、しかも自分に関することには一切口をつぐみ寄せつけなかった。やがて佐々木は変人だ、という噂が流れるようになり取巻きも徐々にいなくなった。

後に知ったのだが彼はある教師を嫌悪していた。用もないのに呼出されては体に触れてくる。

しかも、おれのアパートに遊びに来い、としつこく誘われたらしい。行けば何が起るかぐらいは一五歳の少年にも想像はついた。

席が隣でも私は佐々木のことを何も知らなかった。冗談はいいあうものの、会話らしい会話がほとんどなかったからだ。一つだけやっと訊きだせたのは、体育の授業が免除されている理由である。

体育の時間は独り教室で自習していて、生徒たちが汗を拭きながら賑やかに戻ってくると、何ともいえない寂しげな眼差を向けた。免除されたのは中学生で大病を患いその後遺症があるからだと言った。しかし病名については頑なに口を閉ざした。

美男好きの祖母は、「佐々木君は雷蔵よりいい男だ」と時たま遊びにくるのを楽しみにしていたが、余りの寡黙さと韜晦に、ついに匙を投げた。しかし、かならずや人にいえない理由があるのに違いない、というのが祖母の気持ちだった。

だが親の仕事も、兄弟がいるのかすら知らなければ、興味の対象すらわからない。何かの機微に触れると石のように黙りこくり往生した。交友がだんだん面倒になり、言葉をかけることも少なくなった。進級して組がかわるとおのずから疎遠になった。

しかし入梅のころから、佐々木の姿を見かけなくなった。

やがて、あいつは学校を辞めて田舎に帰ったらしい、という噂を耳にした。下宿を訪ねるとすでに引払われていて、なんて水くさい、と思わないでもなかったが、連絡を取る気にはならなかった。何ごとであれ干渉されるのを極端に嫌ったからである。祖母が言ったように、佐々木には私にいえない秘密があることに、やっと気づかされたのだった。だがその秘密が何か、まったく見当がつかなかった。

しかし夏休みに入ると不意に佐々木が訪ねてきた。

私の部屋は近所との共同井戸がある裏庭に面しており、だれでも通り抜けられた。

その日私は昼食のあと窓を開け放って昼寝をしていた。面を替えたばかりの青畳の香りと、緑陰を渡る風がうっとりとするほど気持ちよく、半覚醒の夢心地のなかをさまよっていた。


ふと何かの気配を感じて薄目を開けると、庭に人影があった。強い照返しで逆光になり容姿は判然としないが、それが佐々木であるのがすぐにわかった。

影はゆっくりと窓辺に近づき私を見おろした。白い陽光が背後に炎立ち陽炎《かげろう》のように揺らいだ。


私は再び目を閉じた。佐々木はしばし佇んでいたが、踵《きびす》を返すのがわかった。

「おい帰るなよ、ここにいろよ」

私は半身を起こした。佐々木の姿は帳《とばり》が払われたようにあふれる光のなかにあった。この暑いのに長袖のワイシャツに黒ズボン姿である。ただ麦藁帽子を深々とかぶっている。

佐々木は「やあ」と言ったきりあとは無言だった。


私たちは近くの県庁前の公園をほとんど会話もなくぶらぶらと歩いた。訊きたいことは色々あったが彼が口を開くのを待つよりなかった。それにしてもなぜ私を訪ねてきたのか。

日差しが強く公園には人影がまばらだった。風鈴を鳴らしたアイスキャンディー屋でラムネを買い、木陰の芝生に腰をおろした。佐々木はラムネを飲むと芝生に身を横たえ、まるで人ごとのように言った。

「おれは赤ん坊のころから病気だったんだ。人にいうのははじめてだけど」

彼は心臓に欠陥をもって生まれてきたという。しかしいまの医学では手の施しようがない、と医者は無情にも宣告した。中学生になって定期検診を受けるたびに医者の顔が険しくなった。そして、余命はさほど長くない、と親に言ったという。

——なんでおれがこんな体に、それも短い命に生まれたのか。

命数が限られ、人の愉悦をただ目で追うのは、手足が縛られているのと同じ辛さだ。しかし余命をまっとうするには家族とのしがらみを離れるべきだと思った。親の憂苦と慈愛を思うほどに辛く、心を澄明にして死と向き合わねばならぬと考えたからである。この少年はそう思った。

独りで暮らしたいというと、親族がこぞって反対した。しかし下宿の三浦屋は遠縁とはいえ親戚であり、近くに設備の整った市立病院もある。長年診察を受けている担当医からも仙台の総合病院での定期的な診察も勧められていた。緊急の場合は地元より都合がいいだろうということで、両親も不承不承許したらしい。

しかし高校に入ると体力の消耗が甚だしくなり、帰宅すると夕飯もとらずに寝込んでしまうことが重なった。見かねた三浦屋の奥さんが親に知らせたのである。実家に戻ると担当医から、退学して療養に専念すべしといわれ、大学病院ですぐにも精密検査を受診するよう勧告された。それまでも大学病院で半年に一度の定期検診を受けていたのである。

そこまで淡々と話すと、大きなため息をつき疲れはてた表情をした。

「今日から入院して精密検査を受けるけど、結果はまあわかっている」

佐々木は立ちあがりズボンのほこりを丁寧に払うと、空になったラムネの瓶を私に託した。何かを訊こうとしてそばによると首を振りさえぎるように言った。

「もう何を訊いてもしょうがないよ、おれはもうすぐ死ぬんだから」

そのとき私が何と応えたのかまったく記憶にない。あるいは事の大きさに言葉を発しえず、黙したのだろうか。

電車道にでてタクシーを拾った。ドアが開くとゆっくりと振向き麦藁帽子を取って、しみいるような微笑みを浮かべた。そして、「じゃあな」と片手を上げた。

それが最後の挨拶になった。

そのころから私は音楽家になりたいと思うようになっていた。好きな音楽の仕事ができればいい、という程度のもので、何しろ楽器も弾けず楽譜すら読めなかったのである。

しかし音楽家になりたい、というのは口実でしかなかった。私は風紀の乱れた高校がいやでたまらず、左がかった教師たちの言動が不愉快でならなかった。やがて登校拒否児のようになり、学籍が消滅した。そして佐々木のことも忘れた。


東京の大学に通うようになり、西武線桜台のアパートに住みはじめて間もなく、高校の友人が訪ねてきた。彼は地元の電気施工会社に勤めていて、出張で来たのである。友人は私のところに一泊した。

翌朝帰り際にふと思い出したように、佐々木は三年前に死んだ、と言った。私が退学したころである。私は既成事実のごとく淡々と聞き感情が波立つことはなかった。やはり心臓病が原因か、というと、いぶかしげに私を見て、違う、と首を振った。

「いや、交通事故だよ。佐々木はオートバイで砂利トラックと正面衝突したんだ。ただ事故の原因はよくわからないらしい」

宿命を信じはしないが、一七歳の少年が死を直視し、悲壮にも乗越えようとしていた。しかし宿痾によってではなく、オートバイの事故で死ぬとはどういうことだろう。まさか、とは思ったが、その考えを急いで振払った。

その夜、定食屋で飯を食っていると、若者が二人入ってきてカウンター席に座った。注文をすますと肩を寄せあうようにして小声で喋りはじめた。彼らの背中を見ながら、はっと気づいた。佐々木がなぜ入院当日に私を訪ねてきたのかを。

——あいつはおれに別れを告げに来たのだ。友として自分の死をおしえに来たのだ、と。

彼はこう言ったのである。

「もう何《な》んぼ訊いてもしょがねべ、おらもうすぐ死ぐんだがらや」

佐々木がタクシーに乗りこむときに見せた、あの透きとおるような微笑がよみがえった。そして、自分が何と幼く薄情で思いやりのない人間であったかを呪った。

哀しみがこみあげてきた。

青春　二

その人は詩人だといった。

大学に入って間もないころ、下宿近くの中華蕎麦屋に時々夕飯を食べに行って、私はその人と出会った。

彼は週に二、三度八時ごろ店に現れ、日替り定食とコップ酒を頼んだ。私より十ほど年嵩に見え、痩身で背が高く神経質そうな細面に、無造作にかき分けた豊かな髪が額を隠していた。着崩れた背広からまっとうな勤め人とは思えなかったが、寡黙で孤独な影のあるその人に私は魅せられた。

その人といい彼と呼ぶのは、容姿や言葉を鮮明に覚えているのに、名前がどうしても思い出せないからである。想えば彼について私は何も知らない。住いはおろか職業も年齢も知らない。名前すら本名かどうかも判らない。店で顔をあわせるうちに世間話程度はするようになったものの、しゃべるのは一方的に私で、その人はあいまいにうなずくだけだった。

　ところがある夜、不意に下宿に訪ねてきた。

　扉を開き四畳半の部屋に招き入れると、少し微薫を含んでいるのに気づいた。アップライトのピアノが部屋に在るのを見て、しばし驚いたように佇み、振返るなり皮肉な微笑を浮かべた。

「君は何をしているのかね」

　その目には獲物を前にしたような酷薄さがあり、私は音楽を学んでいる、とどぎまぎしながらこたえた。まだ習作ほどの曲も書いておらず、作曲家を志しているとは到底いえなかった。いえば酷薄な光が増すのに違いない。それを怖れた。

「それでどの作曲家の曲が好きなのかね」

　とさらに重ねた。私は古典派やロマン派の幾人かと、近頃興味を持ちはじめた現代音楽の作曲家の名前をあげた。すると、

「その中で君が一等好きな作曲家は誰なのか」

　と苛立つようにいい、あぐらをかき煙草に火をつけた。私がウイスキーの瓶とグラスを

卓袱台に置くと、何もいわず手酌で飲みはじめた。しばらくして、

「芸術家にとって最も重要なのは、好きなものと嫌いなものを明確に区別することだ。そしてその理由を考えるべきなのだ。あれもいいこれもいいなどと右顧左眄するから、日本人の芸術には独創性が生まれない。しかも戦後は欧米一辺倒で連中の尻ばかり追っかけている。そんな軽佻な世界に俺たちは生きているのさ」

と自嘲気味にいうと、黒い鞄から一冊の本を取り出し、自分は詩を書いている、といった。そして、神の言葉にならぬ言葉を聴き書き留めるのが詩人というものだ、と誇らしげに語った。

いかにも手作りの薄い詩集で、白い表紙には「青春」という書名と彼の名前が太文字で印刷されていた。私はまるで何かを拝するように手に取りページを開いた。あいまいな記憶でしかないが冒頭の詩はおおよそ次のような言葉ではじまっていた。

君はこのまま行きたまえ
君には青雲があり、僕は懶惰の坂を下るのみ
ついに邯鄲の歩も真似びえず、郷里の遺風も忘れる

しかしそのあとどのように展開したかは記憶がない。難解な語句が多いので質問すると、その意味をそっけなく説明しながら、自分は漢詩が好きだといった。孤高の厳しさをはらんだ格調、一つの文字が喚起するイメージの豊かさに惹かれるという。しかも深い教養がなければ詩は生まれえず、読者もまたそれなりの素養が必要だった。

彼の詩には意味不明の漢語がちりばめられており、これを読解しうる者はそうはいないだろう。もしかしたらこの人は独り相撲を取っているのではないかと危ぶんだ。私の心を見透かしたかのように、

「俺の詩は百年もして人間がもっと高尚にならなければ解らないだろう。今の日本人にもはや唐詩のような格調高い詩を書けやしない。俺たちの精神が堕落しきっているからさ」

そして、自己を知るということが芸術家にとっていかに大切かを饒舌に語った。さらに烽火のように方々で上がりはじめた大学紛争の話になり、私の考えを質した。私の大学も入学後間もなく学生によって封鎖されており、授業を受けられずにいた。

彼の話ぶりから、かなり心情的なマルキストだろうと推測したが、私がどう応えていいか判らずにいると、私の愚鈍さに呆れたのか立ち上がるなり「帰る」といった。

「今いったことは忘れてくれ。覚えてはいやしないだろうけど」

と言い残して立去った。

一瞬の嵐が通り過ぎたようで、無礼な男だと思わないでもなかったが、芸術家とはこんなものかとも思った。そして私の手許には一冊の詩集が残された。

それから店で彼を何度か見かけたが、なぜか冷たい印象を受け、余り言葉を交わすことはなかった。

きっと自身のことを饒舌に語ったことに、嫌気がさしたのだろうと勝手に憶測した。異常なほどにプライドが高かったからである。やがてぷっつりと姿を見かけなくなった。店主に訊いても首を振るばかりで、以来再び会うことはなかった。

それからしばらくして、私は「鎮魂歌」というフルート独奏曲をずいぶん苦労して書き上げた。いまだ習作の域を脱していないが、前衛的な手法と能管の奏法が混じりあう不思議な佇まいの曲だ。深く魅せられていた能楽の憧れが反映しているのである。

そして彼のことを忘れた。

その人のことを不意に想い出したのは、近頃、明の詩人袁宏道の詩集を読んだからである。それは「梅季豹に逢いしを喜びて」という詩で、冒頭はこのようにはじまる。

矉里には治容少なく
邯鄲には高歩無し
万耳一嘻を同じくし
活仏も度する能わず

「西施の顰に習った女たちのように、邯鄲の高々とした歩を真似た男どものように、およそ人真似をする者には美しさも爽快さもない。そのような連中は聞いたことをただ信じるのみで、目は何も見ていない。活仏といえどもこういう手合は済度しえない」

さらに続けて、

摹擬　鈍賊を成し
士子　逓に相誤る
殭き骨に蝗は廻旋し

驢の背に蒼蠅聚る

「観たまえ、昨今の詩人はみな猿真似ばかり。愚かな盗賊のように、互いを誤った道に引きずりこんでいる。まるで生臭い骨のまわりを走りまわる蟻、驢馬の背に群がる青蠅のようではないか」

そして越の国の陶望齢こそが「詩人の趣を解脱」した高風の士であると説く。

眼を洗いて君の詩を読めば
天を披いて雲霧を抉う

これほど讃美するのは、俗に媚びず旧套を超克しているからというのだが、陶望齢と袁は朋友の間柄である。

袁宏道という詩人は、ずいぶん歯に衣着せぬものいいをするものだと感心するが、その人を思い出したのは袁の詩に「邯鄲には高歩無し」という語句があったからだ。私はその意味を彼から教わった。これは荘子の寓話である。西施の顰とともに知られており、袁はこの二つを引用している。

燕の村に住む若者が、趙の都邯鄲の男たちの歩きっぷりが実に見事と聞いて、邯鄲に行き見様見真似で真似したが会得しえず、さらに本来の歩き方すら忘れてしまい故郷に這って帰った、という話である。

その人の詩は少し異なる。

「ついに邯鄲の歩も真似びえず、郷里の遺風も忘れる」というのは、邯鄲の歩を真似るどころか、郷里の国振すらも忘れてしまった、というのである。最早己が依るべき場所も還るべき棲家もないことを愁い、「僕は懶惰の坂を下るのみ」と嘆じている。

もしかしたらそれが彼の真情かもしれず、ふいに姿を消したのは詩と訣別したからではないか、とすら思えてくる。

己を見失うほど魅入られ、ついに学びえなかったものとは、喪失した遺風とは何か。あるいは単なる詩作上の感傷的な嗟嘆にすぎぬ言葉なのだろうか。私にはそうは思えなかった。

俺の詩は人間が高尚にならねば理解しえない、という妄想としか思えない言葉は、誰にも評価されない苛立ちと、自信喪失の裏返しなのだろう。

芸術家は自己を知ることこそが肝要、と盛んに強調していたのは、膨張し支えきれなくなった自己矛盾を叱咤したのかもしれず、詩人としての己とはと懊悩したのに違いない。理想の詩を求め美句を重ねるほどに、現実との乖離に無力を覚えたのだろうか。そして詩集の題名のように、青春の終焉を知ったのである。

彼の消息らしいのを聞いたのは一度だけで、姿を見なくなって一年ほどしてからだ。中華蕎麦屋の主が、「お客さんであの人を見かけた人がいますよ」といった。その客は、新宿の大通りを赤旗を捧げ持って行進していたのが彼だった、というのである。何度もここで顔を合わせていたから間違いない、といったらしい。

それを聞いてしばし唖然としたが、あの人ならそうかもしれないと苦笑した。別段理由はないがそう思った。彼のような人物が極端に走るのは不思議ではなかったし、詩人からマルキストに鞍替えすることに、何の矛盾も感じなかったろう。

彼はきっと、詩という美的虚構の世界から、共産革命という行動の世界に目覚めたのである。別段批評したところで仕方ないが、苦々しく思ったのは確かだ。君のプライドはそれを許すのかね、と彼の口調を借りて訊きたくなった。

当時三十前後のはずで、言葉を交わしたのは半年にも満たない。しかし私の対極にあるような、まったく不可思議な人物に思え、忘れがたい印象をのこした。

詩才があったのかどうかはしらないが、どうにもあしらいようのない自己陶酔的な高慢さには少なからず辟易した。彼からすれば私などは、在郷からぽっと出てきたうぶな青年にすぎず、信じがたいほど未熟に観えたのに違いない。

まさにその通りで、志操というほどのものもなく、音楽が好きなだけで終生の職に択ぶまでの覚悟も情熱もなかった。そういえばあの夜、「君に才能があるとは思えない」と言下に断じられた。

芸術の才能とは天稟であり、もし才能がないと判れば神を恨むよりほかはない。たとえ聖人であっても努力して才能を得るなどということは不可能だ。だから、

「大方の芸術家は、ちょっと手先が器用な素人に毛の生えたような連中ばかりなのさ」

彼のあからさまな言葉には少なからず鬱屈し腹も立った。才能があるかなどと自問したことすらなかったが、何やら音楽の道が登攀不能な高峰に臨むようにすら思えた。もしかしたら私は何もなしえず、一曲すらものにしえないのではないか。

大学紛争は終息のめどがたたず、無期限の休校なった。そのころから私は、新宿のライ

ブハウスのフリー・ジャズや前衛舞踏、アンダーグラウンド・シネマなどに足しげく通うようになった。そこで活動する若いパフォーマーと親交するうちに、やがて頭にきつく嵌《はめ》められた箍《たが》が、徐々にほぐされていることに気づいた。

彼らと新宿紀伊國屋書店の裏手にある酒場で飲んでいるとき、フリー・ジャズのサクソフォン奏者が私の顔を不思議なものを見るようにしていった。彼のバンドは即興的な演技を演奏に取り入れており、興がのると聴衆を引連れて楽隊よろしく夜の新宿を華々しく行進した。

「ようするにあんたは芸術家になりたいわけだ。子供がひきつけを起こすようなしかめ面しい曲を書きたいわけだ。おれらはいま何がしたいか何ができるか、どうすれば自由になれるかが一等重要で、芸術なんて考えたら堕落する」

私は嘲笑されるのを覚悟で抗弁した。

「君らのフリー・ジャズにしたところで、欧米の前衛音楽の色揚のように思える」

すると彼は憐れむように言った。

「あんたが根本的に間違っているのは、おれらがこの時代に生きているということだ。あんたはこの時代の空気を吸って生きていることに気づいていない。時代の最先端で表現しようという根性がないんだ。後ろばかり見ているから、どうでもいいことが気になるんだ。どうすれば両手両足を思う存分に拡げられる表現ができるか、それ以外に考えるべきことはおれらにはない」

話をしていて目が覚めるような思いがしたのは、私において西洋音楽とは、いま思えば笑止なのだが、至高の音楽であり、それを生みだす重畳たる思想と技法を学び咀嚼するべきと考えていた。その上で私の署名のある私ならではの曲を書くことが漠然とした理想だった。そのとき私は、百年前のヨーロッパ人でないことをやっと悟ったのである。

やがて大学が再開されたが、もはや復学する気持ちは失せていた。

処女作ともいうべきピアノとエレクトロニクスによる「リタニア」という曲を書いたのは、すでに二十代半ばだった。

そのころに聴いていたピンク・フロイドの「エコーズ」「原子心母」「狂気」などをいまでもたまに聴く。聴くたびに切ない思いが胸をよぎるのは、本気で彼らのような音楽の分野を超えた曲を書きたいと願っていたからだ。

そのようにして私の青春も終わった。

花はなぜ美しい

黄道光

椚《くぬぎ》の林を抜け古い祠のある丘に登ると、見晴るかすばかりの稲田だった。

遥かに霞む防風林の彼方から風が渡ってくると、青い稲が夏の陽射を照返すようにさやぎ光輝を放った。

風は真東の太平洋から吹いてくる。

稲田に一条の道をつけるとすぐに四方にひろがり、また幾筋にもわかれてうねる。

海浜の波濤はいかに風が強くても波うつ方向は変らない。それに較べれば稲田を吹き抜ぬける風の軌跡は千変する。まるで風にはいくつもの手があり、思うがままに稲を翻弄しているように観えた。

丘の上から広大な稲田を見おろしていると、ひと吹きの風のなかにも濃淡があることがわかる。風には幅がありところによって稲のそよぎが異なる。しかも遅れてきた風が重りあい複雑な模様を描きだし、刻々と流れるように綾目を変じて一瞬の予断をゆるさない。重層する時のスペクトルを眺めているようだ。

陽が翳るとギュスターブ・クールべの波の絵のような濃緑になり、ゆったりと動く雲の影と雲間からこぼれる光が、荘厳な響きを生みだす。そして風の手は私の頰を撫でて去っていく。

凪になると、畦道の遠く一羽の白鷺が佇んでいるのが見えた。純白の鳥は頭《こうべ》を太陽に向け微動だにせず立っている。やがて白鷺のまわりを風がめぐり、こぼれ日が羽毛を輝かせた。

稲田を渡る風を観ながら、このような曲を書けたらと思った。

異なる時の流れがうねり、絡みあい、刻々と様相を変じて、微妙な色彩を醸す曲が書ければと。しかし足元に広がる光景からうけた印象を音楽にしたところで意味はない。自然の一部の現象を卑屈に引写すという愚をおかすだけだ。

太陽と青嵐、陰影の描く軌跡は私にみずみずしくも、厳粛な感銘をもたらしたが、同様の光景を人が観ても何の感興もわかないかもしれない。しかし私の感動は確かであり、だれも否定しえない。

なぜ私は心を揺さぶられ魅了されたのか。私の感覚に訴え共鳴したものとは何か。その時世界はいかなる意義をもって啓かれたのか。その心理的起因に耳を晒《さら》すことでのみ音楽は音楽たりえ、最初の一音につながるのだろう。

ずいぶん若いときに書いた「風の曲」という尺八の曲がある。

これは蒼天を吹き渡る風だ。

微風が徐々に勢いをまし、やがて烈風の咆哮に至る。演奏には一瞬も気を緩めず緊迫した集中力が肝要であり、演奏するという行為と音楽が一体となるがごとき不二の境地が目論まれ、当時の私の志操を如実に反映している。一音成仏という普化宗尺八の吹禅三昧没我の境地にあこがれて書いたのだが、やがて作曲においてそのような志向は誤りであることに気づいた。

音楽は一つの思想だ。

作曲をなすのはまことに個人的な情動が基にある。およそ芸術とはいかに清浄な衣をまとうとも、猥雑な魂による人工の珠玉といっていい。しかも作曲とはあくまで理性的かつ緻密な作業であり、恣意の塊である。

一音で成仏をなしえるには、恣意を離れた天然に即せねばならず、それを求めるのは作曲家の仕事ではない。尺八を奏するものがおのれの魂から純正に聴きださねばならぬものだ。

尺八音楽では一音を円音というらしい。仏の声、説法を意味するといわれる。道元は、「峰のいろ谷の響きも皆ながらわが釈迦牟尼仏の声と姿と」と詠った。それと同じ心持ちで、尺八を吹く者は純粋無垢な一つの音を奏でることに没我し、ついには天地一枚の妙境に達することが目論まれる。奏でるという能動と、聴くという受動が不二となることによって、自己を忘れるという方便なのである。

道元は、「自己をわするるというは、萬法に証せられるなり」という。一音成仏とは、無我に至る尺八の修道であり、ゆえに吹禅という。

一音成仏を求めるものは、音と一枚になることで自己を忘れる。自己を忘れるとは、音によって無我に導かれるということだ。無我とは、自らが大いなる沈黙の化身に成道することなのだろう。そして音と沈黙は対極にあるものではなく表裏であり、不二であることを知る。ある禅家は、「鈴が鳴るのではない、おまえの心が鳴るのだ」といい、音が消えれば「ともに寂静」と言った。

沈黙といい寂静というのは、修行者の境地を示す言葉なのだろうが、私は音楽家として、まことの無音、寂静、沈黙とはいかなる世界かと思う。悠久無辺の沈黙に閉ざされた宇宙から、音は一条の光のように生まれてくる、という幻視感を私は抱いている。新しい曲を書きはじめるごとに、私はそのような幻影にとらわれる。

しかし聴覚上において我らはまったくの無音、沈黙の世界を知らないし、知りえない。想像することすら困難だ。耳をどれほど塞いだところで音は聞こえる。

視覚も同じだ。目をつむれば視界は閉ざされる。暗黒なら光を感じることはない。しかし網膜は黒という色彩、光を映している。日常において純然たる無音無光の世界を経験することは不可能だ。

その問いに応えるかのように、ある不思議な体験をした。

ニューヨークからの帰途、体がだるく微熱があったが気にせず搭乗した。離陸して一時間もしたころ、急に耳が痛みはじめた。気圧の変化による変調かと思ったが、間もなくずきずきと痛むようになった。いちおうは音楽家なので耳に障りがあると困ると思い、乗務員を呼んで症状を訴えると、熱いタオルを二枚持ってきて、それを耳に当てていろという。機内ではそれ以上の処置はできないという。

いささか呆れたがしかたなく耳にあてたものの、痛みはますばかりだ。ついに耐えがたくなり乗務員を再び呼ぼうとすると、理由はわからないが不意に痛みが去ったのである。そして耳がまったく聞こえないことに気づいた。

周囲のざわめきもエンジンの低くうなる音も自分の声も何も聞こえない。私はまことの沈黙の世界に置かれていた。

もちろんこのような経験は初めてだし、鼓膜に異常をきたしたのかと大いに狼狽した。乗務員のところへ行こうと立ち上がりかけ、ふと窓の外を眺めて目がそらせなくなった。大地も、流れゆく雲も、群青の空も、すべてが光り輝いているのである。

目が明るさに慣れていないのかといぶかったが、そうではなかった。目に映ることごとくのものが光輝を放ち陰影を醸して、存在感を深めている。まるで生命のあるもののごとく感じられた。人間の感覚器官は一つを失うと他の感覚器官が補佐する、ということを聞いたことがあるが、耳が聞こえなくなったことによって、視覚の容量が増したのだろうか。

聾の人たちは常時このような光景を観ているのだろうか。あるいは唐突に聞こえなくなったことで心理的変態が起き、視覚に異常をきたしたのか。

それはわからない。

しかし地平の涯までつづく光あふれた膨大な空間に、胸が押しつぶされそうになっていたのである。

大地と虚空の間にあって刻々と濃淡と姿を変え流れる雲は、うっすらとした七色の虹の光背をまとっているように観えた。音楽なら倍音にあたるのだろうが、これほど繊細な光彩はない。無窮の空間に支えてられてあるからこそ、厳《いつく》しさとうるわしさを覚えさせるのだろうか。

それが存在するものの真実の姿であるなら、私は今まで何を観ていたのかと思った。これを偶然のいたずらというにはあまりに微妙で、心が鎮まり透きとおるのを感じていたからだ。

やがて聴覚が徐々に戻りはじめ、それにつれて視覚も平常に返った。聾の状態にあったのは、数分にも満たなかっただろう。私は暮れゆく空を眺め、わが身におきた不思議を考えた。

はたして人間の感覚器官は十全に機能が発揮されているのかどうか。

ＬＳＤやメスカリンなどの向精神剤を服用すると、感覚が異常に拡張することはよく知られている。宇宙のすべてを知覚しているという高揚感と至福を覚え、日常世界が光にあふれた次元へと跳躍する。ことに顕著なのは極彩色の幻覚を見ることだ。六〇年代半ばから欧米で流行したサイケデリック・アートは幻覚剤による神秘体験がもとにある。

さらにヒッピーたちは、ＬＳＤを服用すれば悟りをえられる、といいはじめた。万物と一体化しているという恍惚感に満ちた至福が、そういわしめた。さすがに禅哲学者の鈴木大拙もこの風潮を放っておけず、

「君らのいう悟りの奥座敷に人はおるか」

と問うた。しかし大拙は、悟りは神秘体験といっているのである。彼の著書が欧米で人気をえたのは、このあたりにあるのかもしれない。

しかしヒッピー文化もサイケデリック・アートもあっけなく終わった。理由は簡単でドラッグに飽きたからである。

彼らのいう悟りは、何ら自己の精進や努力によらず、幻覚剤によって強制的に体験させられ、開示されたものだからだ。その奥座敷に大拙のいう「人」はいなかったのである。

みずからのメスカリン体験を著したオルダス・ハクスリーの「知覚の扉」（一九五四）はヒッピーの聖典ともいうべき書であった。

ハクスリーは「天才の秘密とは子供の心を老人になっても持ち続けることであり、決して情熱（enthusiasm）を失わないことを意味する」と言った。enthusiasm の原義は、魂に神がとりついた状態のことである。つまり神憑《かみがかり》のことで、そのような高揚感を忘れてはならぬ、というのだろう。

ハクスリーはメスカリンによって、幼いころの知覚の純粋さを蘇らせた。拡張され鋭敏微細を穿たれた意識によって、この世ならざる風景を観、何ごとかを知覚する主体は、無垢な少年の心であることを知ったのに違いない。

それはあるがままをあるがままに受容れ、讃嘆するという心だ。常識や固定概念、欲望の壁を突き破ると、そこに顕れるのは無垢な少年なのである。

黄道光を観たのは十歳のころかと思う。

厳寒の凍れる夜、平山さんという天文に詳しい東北大学の学生に連れられて、町はずれの丘陵に友人たちと震えながら東の空を見つめていた。

黄道光は天の川よりも淡く、日没後あるいは払暁の薄明がはじまるまえの、真闇のわずかな間にしか観られない。しかも大気が清澄で靄気がなく、灯火の及ばないところでのみその威容を現す。

やがて、

「ほら」

と誰かが小さくつぶやき、腕を水平に伸ばして地平の彼方を指差した。

目を凝らさねば判らないが、たしかに地平のはてに靄のように白く光るものが見えた。その光は天頂に向かって仄かに輝いている。

平山さんは偏光グラスで何度も確かめて大きくうなずき、

「あれは黄道光です。間違いありません」

目が慣れるにしたがって徐々にその輪郭が明瞭になり、やがて青白い壮大な光のピラミッドが出現した。私にはその縁の濃淡が微妙に変化し、揺らぐように絶えず姿を変えているように思え、いいようのない怪しさにとらわれた。

平山さんもこれほど鮮明で荘厳な黄道光を観たのははじめてのようで、感慨深げに小学生にも解りやすく黄道光の説明をしてくれた。

「黄道光は大気中の塵が太陽の光に反射しているのではありません。惑星間に雲のように拡がる塵や小惑星の反射光なのです。もちろん世界で最も大きいパロマー山の二百インチ大望遠鏡ですら観ることはかないません。いま君たちが観ているのは、目には見えないものの光なのです」

やがて黄道光はゆっくりと姿を消し、地平に青みがさしてきた。払暁である。

黄道光は戦前にはどこでも観られたという。

しかし人々の関心をひかなかったのは、その影があまりに淡いからである。東京でも敗戦後の焼跡で美しい黄道光が観えたらしい。大気が澄み灯火が少なかったからだ。いまでは高山にでも登らねばかなわないだろう。後年、バリ島やカナリア諸島のランサローテで、まさに金銀砂子としかいいようのない見事な銀河に思わず嘆声をあげたが、水平線に霞気が多くついに黄道光を観ることがかなわなかった。

丘を下りながらも昂揚した気分が覚めず、ことに平山さんの言った、目に見えぬものが見える、という言葉がいつまでも胸を去らずにいた。目に見えぬものが、ある起因的な条件が整えば姿を現す、ということが子供の心にはまことに不思議に思えたのだ。

幼いころから天文に関心があった。

私にとって宇宙は、神秘と奇しきうるわしさに満ちあふれていた。まさに幻惑されたといっていい。

肉眼では星の見えない暗い空間に望遠鏡の焦点を合わせると、扉を開くようにして無数の星が現れる。その星と星との空間に向けて倍率を上げれば、さらに限りない星が限りなく現れる。しかもその星々は人間の想像力を絶するほどの距離にある。永劫無窮という言葉を、おぼろげに実感しえたのはその頃だった。

しかし黄道光を観てから間もなく、宇宙への私の甘美な夢想を打砕く生涯忘れえぬ経験をした。

その夜は東北大学物理学部教授の小さな講演会が市立天文台であり、二十人ばかりの聴衆が集ったが多くが小中学生だった。

初老の教授は物言いの丁寧な方で、子供の突拍子もない質問にも穏やかな口調を変えずに応えてくれた。そして宇宙の広大さについて平易な言葉で懇切に説いた。

「この宇宙は無限といっていいほど広大で、何百億あるいは何千億という銀河があります。その数は誰にも予測しえず、きっと人類は永遠に知ることがかなわないでしょう。

我々の住む銀河系は数千億の恒星の集団です。ごく普通のレンズ状の銀河で直径がおよそ十万光年、台風のように渦を巻いていると考えられます。

太陽系に最も近い恒星アルファケンタウリは四・五光年ほど先にありますが、太陽と地球の距離は光速でわずか八分十九秒にすぎません。地球の衛星月はたった一・三秒です。

太陽系の一番外側を回っている冥王星は光速で五時間の距離ですが、もし時速百キロの特急列車で行くとなると約六千年かかります。アルファケンタウリは地球に一番近いといっても、四・五光年という信じがたいほど遠くにあるのです」

子供らはざわめき溜息がもれた。教授は微笑み言葉を継いだ。

「ですから私たちにとって銀河系の直径が十万光年というのは余りに途方もなく、どれほど想像力をはたらかせても、その大きさは見当すらつきません。しかしこの宇宙ではごくごく短い距離なのです。

十万光年というのはわかりにくいので、仮に百キロに縮めたとしましょう。すると太陽系は三センチにも充ちません。三センチはピンポン玉より一回り小さいサイズで、百キロという距離はここから福島県二本松の辺りです。東京からでしたら熱海までの距離です。つまり直径百キロの円の中にあるピンポン球が太陽系なのです。」

教授は左手を子供の方にのばし、手のひらを窪ませた。しばし何ごとかを考えるように窪みを見つめ、口を開いた。

「この窪みにあるのが三センチの太陽系だと想像してみてください。たとえばこの部屋の中央にピンポン玉の太陽系があるとしたら、アルファケンタウリは部屋を出て道路をこえたずっと先にあるのです。

しかし極微の世界にも同様のことがいえます。

いかなる顕微鏡でも観ることのできない原子は、原子核を中心にまるで惑星のように電子が廻っています。もし原子核が直径一メートルほどだったら、最も近い電子は約百キロ先を周回していることになります。

人間がいま極大と考える先にはさらなる極大があり、極微と考える先にはさらなる極微の世界がある。まさしくこの宇宙は　永久から永久へと繋がっているのです。

ですからこの宇宙では遠い近い、大きい小さいという尺度は意味をなしません。それはあくまで人間の眼による観測値なのです。そのような世界に人類は生きていることを忘れてなりません」

このようなことを教授は淡々と述べた。いまの天文学の常識からすればいささか異なる点もあるが、おおよそは正しい。物覚えの悪い私にしては記憶が鮮明なのは殊勝にもノートをとり、その後繰返し反芻していたからである。そのときはただ、そんなものか、と思うだけでさほどの感慨も覚えなかった。

しかし教授の話が終わると子供の一人が、もし太陽系が三センチなら地球の大きさはどれくらいですか、と質問すると、教授はしばし考えて静かに答えた。

「一個の電子ぐらいでしょうか」

講演会が終わり家路を急いだ。住までは三十分近くかかり、当時は街灯も少なく道は暗かった。満天の星を仰ぎながら足早に歩いていると、電子ぐらいでしょうか、という教授の声がふと蘇った。

子供の手のひらにも包みこめる太陽系、その中心に針先のように光る太陽。

そして、なぜか切なさがこみあげてきた。

それなら、と思った。それならば人間の大きさはどれほどだろうか、と。

三センチの太陽系に電子ほどの地球、そして人間の大きさは教授のいう極微の極微であるのだろう。思いめぐらすほどに気の遠くなるような気分に陥った。

急に全身に心細さがしみいり、いわれのない哀しみが芽生えた。しかし子供の頭では、なぜこのようにやるせない気持ちになったのかがまるでわからず、心を立直すすべを知らなかった。何か大きなものに魂を鷲づかみにされたような気持ちになり、思わず歩みを止めた。

いま思えばそのとき、人間の存在とは何か、という人類の根本的な問を初めて意識したといっていい。

否、問が意識にのぼる以前に、存在そのものに不可思議な香を聞いたのである。その香とは深淵から仄かに立上る虚無の微香だ。もとより虚無などという高尚な言葉は知らず、訳のわからない不安が心を占めたのだった。

大切なのは、切なさ、やるせなさ、という私がそれまで知らなかった感情を覚えたことだ。いわれのない切なさや、やるせなさという感情は、美しいものに触れたときにこみあげる感動と同質なのである。誇張すれば、およそ美意識を醸す心の根底にあるのが、このような感情と、神秘に感応する感受性なのである。

その夜の心象ばかりが基因ではないにせよ、いつの間にか得体のしれない感覚が心を染め、世界は黄道光のようなはかない影を曳いているように観えてならなかった。

三つ子の魂とはいいえて妙である。

誰もが稚いころに見聞し学んだものは深層に堆積され、やがて抽出されて人それぞれに価値観の基となる分別心を成す。ほぼ十代半までに世界を観る感受性が無意識の裡に培い綯《な》われやがて心の奥底に無音の通奏低音のように流れはじめる。

多くの経験をふみ学習し様々な知識を涵養したとしても、人はその心機から終生抜けだしえないのだろう。

なぜ、と問われても往生する。

私において今に至るも世界を観じ感覚するものは、心の底に要石のようにある幼少の体験であり感受性である。

心理学者はどういうか知らないが、芸術は少年の心が生みだすものだ。少年の心が何ごとかに感応し、それを昇華させるのが芸術なのである。

天才の秘密とは子供の心を老人になっても持ち続けること、というハクスリーと私は同意見である。

子供は美しさを見出す天才だ。友人の三歳になる娘が、青空にぽかりと浮かぶ綿雲を指さして、「お父さん、あの雲はどうしてあんなにきれいなの」と訊いた。しかし彼の眼には何のへんてつもない雲にしか観えなかった。

「多分娘はその雲を通して、何か別の世界のものを観ていたのじゃないか」と画家の父親はいう。しかし私には、彼女は存在することそのものの美しさを発見し、感動したのではないかと思った。そのような感動を私どもはどこかに忘れてしまったのだ。

いかなる芸術においても少年のごとく無垢に感動する心を失えば、どれほど知恵をめぐらし論理で武装しようとも、最先端の技法を駆使しようとも、見た目はうるわしく糊塗しようとも、枢要は寒々とするほどに空虚である。

作家自身に感動がなければ、はたして芸術とは何か。

しかしあの気が遠くなるような感覚はいまも拭えない。虚無の香は益々強くなり私の一挙手一投足は、永劫無窮の静寂《しじま》に吸い取られていく気分に陥る。人間の存在と芸術の意味を繰返し自問するが、どれほど思考をめぐらせても露ほどの答もえられず、そんな子供じみた愚問を発するのはもうよせ時間の無駄だ、残された時をひたすら生きるがよい、という声が聞こえてくる。永久の生命を求めさまようウルクの王ギルガメッシュに、酒場の女将が諭したように。

ギルガメッシュよ、あなたはどこまでさまよい行くのです
あなたの求める生命は見つかることがないでしょう
神々が人間を創られたとき
人間には死を割りふられたのです
生命は自分たちの手のうちに留めおいて
ギルガメッシュよ、あなたはあなたの腹を満たしなさい
夜も昼もあなたは楽しむがよい
日ごとに饗宴を開きなさい
あなたは衣服をきれいになさい
あなたの頭《こうべ》を洗い、水を浴びなさい
あなたの手につかまる子供たちをかわいがり
あなたの胸に抱かれた妻を喜ばせなさい
それが人間のなすべきことだからです

（矢島文夫訳）

息子が十歳のころ、

「僕はなぜお父さんの子供に生まれたのだろう」

と、ぽつりといった。そのとき何と返事したのか記憶にないが、この子も自己が存在することの不思議さを問うようになった、と複雑な感慨を覚えた。いまは三十をこえた彼が生きる意義について問いを発するなら、六千年前のメソポタミアの女将のようにしかこたえられないだろう。しかし真意にはほど遠い。それなら真意とは、と問われても困る。

「天地は不仁、万物をもって芻狗《すうく》となす」と老子は言った。

芻狗とは藁でこさえた犬である。祭のあいだ祭壇に供えられ、祭が済めばうち捨てられた。天地は非情で人間も芻狗にすぎず、産みっぱなしで後の面倒は一切看ない、と老子はいう。

老子の歪みのない眼はこの世を冷徹に洞察し、天には道理や意思などありえぬと喝破した。人はその厳粛な孤独に耐えよという。

丘の上から稲田を渡る風を観るように、我らの生も常に錯綜し紆余曲折を重ね、やがて訳もわからぬまま死期を迎えるのである。

五十もすぎれば誰もが死の不安を漠然といだくようになる。形あるものはかならず滅し、万生はことごとく死をまぬがれぬと達観しても、ゆえのわからぬ怯えが心を疼《うず》かせる。死ねばどうなるのか、おのれの魂は肉体とともに亡びるのかと問うても、それに答えられるものはいない。精神が亡びるということを我らはいかようにも実感しえない。

考えてみると死を嫌悪するのは、個の消滅を恐れるからか、それとも死に至る苦痛を憂えるためか、あるいは生の執着がはなはだしいゆえか。いずれにせよどれほど平常心を保つ努力を重ねても、重い病をえれば霧散する。何ごとかをなさんと大望すればなおさらだ。

あらゆる宗教は死という大公案の上にうち建てられている。死とは人類永劫の謎なのである。古来死の国から還ったものはなく、死とは魂に刻印された宿痾なのだ。

坊さんが訳知り顔に、「生死一如」「死を見ること帰するがごとし」などというが、何やらずいぶん肩に力が入っているようで、あたりまえのことを仰々しくいうのがおかしい。

一休和尚は臨終において枕頭にはべる弟子たちに、弱々しく「死にとうない」、と言ったらしい。聞いたほうは仰天したろうが、当人が一等驚いたろう。俺はまだ娑婆に未練があったのかと。

どうにもこれだけは一筋縄にはいかず、いかに善知識といえども土壇場で往生もする。

しかし恥ずべきことではない、ごく自然なことだ。

酷薄な生の真諦を道破徹底するからこそ、生きることのはかなさを慈しむ。死は無に帰することかもしれないが、穢土であろうとも生き抜いたことは厳粛な事実である。我執を捨て生を諦めるほどに、生命のきらめくような美しさと浄らかさを知るからである。

死はいつ門を叩くかわからない。泰然自若として死を迎えるものもおれば、恐怖に怯え悩乱するものもいる。だが人それぞれでいい。誰もなじりはしない。神仏にすがるのもよいし、悦楽に耽り束の間の安心をえられるならそれも策《て》である。

人はかならず死ぬ。

それが神変ともいうべき天の法則なのである。と、頭では得心しても鬱屈はおさまらない。日常茶飯を平穏無事のごとく振舞っているものの、心は常に陰雨にまみれ何かが腐食していく。腐食がすすむほどに無明の帳《とばり》が視界を覆う。

ホワイトヘッドという哲学者は、「哲学とは、信念にたどりつくまでのあらゆる努力だ」と言ったらしいが、彼は信念を得、拘束衣の紐は緩められたのだろうか。

死の床にある釈迦牟尼仏は、号泣する愛弟子アーナンダにこう説いた。

やめよアーナンダよ。悲しむな。嘆くな。
アーナンダよ。わたしは、あらかじめこのように説いたではないか。
すべての愛するもの、好むものからも別れ、離れ、異なるに至るということを。
およそ生じ、存在し、つくられ、破壊さるべきものであるのに、
それが破滅しないように、ということが、どうしてありえようか。
アーナンダよ。そのようなことわりは存在しない。

（中村元訳）

世界海

まことに個人的な体験でしかないが、還暦をすぎて間もなく私は自宅でふいに人事不省に陥った。
家族が在宅していたので、すぐに救急車が手配されことなきをえたが、そのまま放置されていればかなり危うかったらしい。

意識が戻ったのは救急車の中だった。

救急隊員のひと方は私を収容する病院を電話で確認しており、もうひと方は、予断をゆるさない、という意味のことを家族に説明していた。やがて収容先の病院が決まり、サイレンを鳴らし動きはじめた。

搬送されたのは住いの裏手にある総合病院だった。歩いてもものの五分とはかからない。自動車ならば三十秒も要しないだろう。しかし私には果てしない距離のように感じられた。すでに時間感覚が麻痺していたのである。

そこから不思議がはじまった。

救急治療室のベッドに移されると、医師は私の名前を呼んで意識の有無を確認した。心臓のあたりに重い痛みがあり、それをどうにか告げると、医師は「心臓ですか」と不審な声で問返してきた。

様々な処置がなされているあいだ、どういうわけか瞼が痙攣し開くことができず、かわりに聴覚と触覚が異常なほど敏感になっていることに気づいた。

足元で心拍数や血圧についてひそひそと話す看護婦の声が、まるで耳元のように明瞭に聞こえ、胸をまさぐる聴診器は電流を帯びているかのように感じられた。体に触れる看護婦の指の動きがスローモーションのように響いてくる。

そして医師が何ごとかを医学用語で短くいうと、まわりが急に慌しくなった。

意識は実に鮮明で、私がいまどのような状況のもとにあるのか充分に把握しており、「再び昏睡に陥ればもたないだろう」ということも料簡していた。

しかし不思議なことに、感情というものが一切働かない。

恐怖心もなければ悲しみもない。

生きたいという願いもなければ心が乱れることもない。

何の迷いもなく、ただありのままをありのままに受けいれる、従容とした心地なのである。まるで私の中に私を平静に見つめる私がいるような気がし、魂に表裏あるように感じられた。

感受性が鋭敏になれば、それに連動して情緒の領域も拡がり豊富になるはずだが、私においては事実はまったくの逆であった。

しかも明鏡止水という境地はこのような心理状態をいうのではないかと怪しむほど、清澄な安らぎと静謐に包まれていた。

それは私の人生において、夢想こそすれ到達しえなかった境地といっていい。

想像でしかないが、生命活動がはなはだしく低下したさい、最初に活動を停止するのは感情や情緒をつかさどる器官なのだろう。生命を維持するのに感情を生む機能は必要ない。感情が動かなければ生への渇望が湧きあがる隙間はないし、死の恐怖に惑乱せずにすむ。しかしどのよう理由によるのか知らないが、この上なく平穏な安心立命というべき無上の境地にあったのは確かなことだ。

救急室で処置を受けた時間は数十分なのか数時間なのか、時間感覚が麻痺していたのでよくわからない。やがて医者や看護婦の雰囲気が柔らかくなり、救急室隣の部屋に移された。

目が開かずはっきりとはしないのだが、部屋のどこかに大鼾をかく男が寝ていた。奇妙なことに鼾の音が人の話し声や獣のうなり声、あるいは大勢の人間が罵りあっているようにも聞こえ、何やら冥界の喧騒が耳元で起きているかのような錯覚に陥った。どうしても鼾とは思えず、酸素マスクを付けにきた看護婦に「あの音は何ですか」と訊くと、「鼾の音がうるさいですか」と微笑むようにいった。

しばらくして鼾が唐突にやんだ。寝息すらも聞こえない。

その静寂のなかで、私はほのかな微香のごとき柔らかな気配に包まれているのを知った。

翌朝目覚めると感覚は尋常に戻っており空腹すら覚えた。鼾の主の姿は見えず、がらんとした部屋に私一人が横たわっていた。扉の外からは病院の日常の音がし、はじめて緊急入院したことを実感した。

十日ほどで退院したが、しばらくのあいだ呆けたようになり仕事に手がつかなかった。演奏会が決まっていて、すぐにも作曲にかからねばならなかったが、あの不可思議な体験から抜けだせずにいた。

仏陀の叡智は鏡のように静かで透明な心に映るという。心を平らに空しくするには跳梁跋扈する感情の嵐を鎮め殺さねばならない。そのような境地を私は求めつづけていた。

しかし危篤手前で生命力がはなはだしく低下したとき、希求していた世界を、何ら労することなく厳然と体験したことに、ただ呆然とするばかりだった。しかも感覚が鋭敏になりはちきれるほどみなぎっているのに、まるで感情が動かなかったことに、一人の芸術家として大いなる矛盾を覚えた。

およそ芸術家は自己の感覚を磨きあげ、微妙高尚な境地に至ることをひとつの理想としている。感受性と情緒というものが和合調和し、さらなる高みへと陶冶するよう努める。

芸術は情緒と感性が働かねば生まれえない。だがそれを超越した境地を有する存在において、芸術は何の意味も面目も保ちえない。

もしも神というべき存在が坐《ま》すならば、彼らには人間的な感情があるとは思えない。善悪、美醜、正義、あるいは好悪というのは情緒によって生まれるからだ。

慈悲深く善行を好むものを愛で、残忍で悪行に走るものには因果をもって報いるというのが、あらゆる宗教の基にある神観である。敬神家のご利益が語られるのはそのゆえだ。

ユダヤ教の嫉む神、怒る神という観念は、言葉こそ違えどもおよその宗教にある。しかし神を、天地創造をなした唯一無二の至高と崇めながら、情緒や感受性においては人間と余り変らないと考えており、その甘えに気づかない。その矛盾に気づかない。

人間のことごとくの精神活動と懸絶した存在を我らは想像すらつかず、ただ人間より上等な存在としてイメージするより他はない、というのもうなずける。だがこれによって厖大な悲劇が生まれた。神には意思というものがあり、それに従うことが人としての務めであり、至福につながると信じたからである。

退院して正直悩んだのは、私が芸術家として追い求めてきたものが、何ら意味のないことのように思え、まことにはかない心持になったことだ。すべての曲を破棄すべきという衝動を抑えられず、しかも一切の展望が開けないことにいらだった。やがてずいぶん時間が経ってからだが、ごく当り前の結論に至った。

神の仕事は神に任せておけばよい。人には人のなすべきことがある。私が美しさに感動するのは人としてごく自然なことであり、私の感動を誰も奪えず誰も否定しえない。なぜなら私はこの世界を感覚して生きているからだ。


浅学でしかないが仏典の華厳経《けごんきょう》を識ったのは中年を過ぎてからである。読み進めるうちに私はしきりと稚いころに聴いた、東北大学物理学部教授の話を想いだしていた。教授の話は華厳思想に通じると思えた。

彼の話を聞いて稚い私がしみいるような思いをしたのは、宇宙論がそのまま人間論に裏打ちされていたからだ。しかし仏教の宇宙観なぞ、たとえ知っていても子供に説明しようとは少しも考えなかったに違いない。ただ宇宙を研究し彼が覚えた言葉にならぬ感動を語ったのである。その感動を稚い私どもに分かち与えたのだ。

華厳経は古代インドで書かれ四世紀に中国で翻訳編纂された。後に日本に伝来し、奈良仏教思想の中核をなす重要な経典として信奉された。東大寺大仏殿が建立されたのも、華厳経の広大な宇宙観を具現するためである。

華厳経とは「美しい花で彩られた経典」という意味で、中国で編纂されたからか老荘的な思想がずいぶん加味されているという。やがて禅思想にも深い影響をあたえた。

華厳経では宇宙のことを「世界海」という。

——世界海。

なんと美しい、胸のふくらむような想像力にあふれた表現だろう。

過去現在未来の三世を世といい、上下四方を界という。海はことごとくの事物が集まる場所の意である。

経典はいう。

世界海には世界海の微塵に等しき有りて、久遠の時に住す
一切の世界海は無量の塵の因縁ありて成じ
既に成じ、いま成じ、まさに成ずべし
一塵の中に一切の世界を現ず
一切の世界は幻花のごとく虚空のごとし

世界は諸々の心業の力の
荘厳するところなり

大意
広大無辺な海のごときこの宇宙の、目にも見えぬ小さな塵にも無限の宇宙があり、人知では測りえぬ久遠の時にある。
一切の宇宙は無数の塵の相互の因縁によって成じた。既に成じ、この瞬間にも成じて、永劫の未来へと休むことなく成ずるであろう。
一つの塵の中にも一切の世界は現れる。一切の世界は幻花のごとく虚空のごときものであり、あらゆる世界は諸仏の心業の力によって、清浄なる美に彩られている。

塵とはサンスクリットでアヌといい、究極の物質のことを意味する。英語版の華厳経では躊躇なくAtom（原子）と訳されている。
原子ほどに小さい極微の塵の中にも無窮の宇宙が存在し、極大から極小に至る無数の宇宙は相互に因縁の力で結ばれ、時空を超えて常に生成化育している。最も大なるものと小なるものは、空間的にまったく等しく差別がなく、人間は無窮の宇宙に包含され、またそれに等しい無窮の宇宙を包含するという思想である。

この宇宙にはあらゆる意味において境界はない。ましてや地球上の生きとし生くるものには差別も境界もなく、ありようが異なるにすぎない。一つの細菌にも無限の宇宙が秘められている、と観ずれば無窮という意義はおのずからに明らかだろう。

我らの生命も世界海のひと波瀾にすぎない。もしも華厳経が不変性の一端を語っているなら、人の生死もまた大いなる現象なのではないか。

「天地は不仁、万物をもって芻狗となす」という老子の言葉は、真実の側面をついている。しかし十分ではない。もし老子がいまに生きておれば何というだろう。

風土

私は四十年余り曲を書いている。しかしなぜ作曲を続けているのかが正直わからない。世過ぎのためならとうに諦めていたろうが、やめることなどどちらりとも考えないからあきれる。

なぜ創作をするのか、と問われて、大方の芸術家はとまどうにちがいない。たとえ気のきいた答えを見出したとしてもほとんどが嘘である。それは芸術家自身が承知している。この問いには、答えなどないといっていい。

しいていえば芸術家には妄想としかいいようのないものがあって、それを具現化したいという衝動を抑えきれないのである。しかし欲望というにはあまりに高邁であり、損得を勘定するにはあまりにはかない。

音楽が好きかと問われれば、好きだとしか応えようがないが、惚れてはいない。しかもこの女神の冷ややかな微笑を見るのにはもう飽いた。

彼女の本性を見究めようとかき抱けば、するりと身をひるがえされ、手の届かぬところから、これみよがしな秋波をおくってくる。

放っておくわけにもいかず身をよせれば、あざ笑うかのように遠ざかる。そしてまたうろうろとすり寄ってくる。実に厄介だ。

いかなる麗句を連ね巧んでも微笑みの片鱗すらみせず、

「精進せよ」

と、ささやくばかりだ。そして私のふるまいをじっと見つめている。なにやら薄情で性悪な女に魅入られた心地がするが、私はいまだに彼女のまことの美しさをしらない。

その細やかな肌理の白さを、撓《たわ》む乳房の豊かな輝きを、永久《とわ》の時を湛えた漆黒の瞳を、そして、ともにある悦びを私はしらない。

追いまわすのにも飽いた、そろそろ勘弁願おうかと思えば、即座に憐憫の声が聞こえてくる。

「私とは何、そしてお前とは」

酔狂で作曲しているわけではないが、眉間に皺寄せ深刻ぶるのも鬱陶しい。心のおもむくままにに筆を進められれば上等だが、そんな境地は嘘である。そして新たなる曲を書きはじめるたびに、心が傾《かし》ぐような名状しがたい気分に陥る。

熟慮のすえに最初の一音を五線に落すとき、はたして作曲家という私の主体はどこにあったのかという、いいがたい無明の気分にとらわれる。

この一音、大仰にいえば三世の時を孕んだこの一つの音は、いかなる因果の投網によって掬われ、私によって書き留められたものなのか。

作曲にのぞめば様々な楽想が浮かんでは消えていく。その一つを選ぶのは、明らかに私自身の美意識によるのだろう。しかしよくよく考えてみると、この美意識というとりとめのないものは、どこから由来するのか、正直、私にもわからない。

芸術を生みだすものは、ことごとくが創作者個人の内面に帰する。

今に至るまでの人生、幼児期からの来しかたで、学習し、経験し、感覚し、認識しえたすべての要素が混淆し攪拌され、そこから抽出されたものが美意識というべきものをなしているのに違いない。

しかし個々の要因の多寡によって美意識に軽重を生じるのであれば、芸術をなすのはまことにたやすい。

天稟といういかんとも解釈しえないものは、算術的な加減乗除でまとまる世界ではない。まさに神秘の領域に属する話で、口をつぐむよりほかに手はないのである。

しかも美なるものは技術の体裁によって生じはしない。技術は美を表現するための一つの手段にすぎぬ。美意識は精進努力を重ねて形作られるものではなく、無意識のうちに芽生え育まれるものだ。

芸術の核心にある美意識という得体のしれぬものを育むのは意識だけではない。その奥に大いなる沃野が鎮まっている。それが美しさを感覚する基根にあり、三千世界を結ぶ母なるものといっていい。

しかし普段は誰もそれを意識しない。無形無名にして無意識の領域を差配しているからだ。その存在を、あるとき卒然と了見したのは、昔バンコックで味わった実に奇妙な体験だった。

これは作曲家として自立しはじめたばかりの私にとって、音楽とは何か、という根本的な問が突きつけられたようにも思え、いまだに忘れられない。

このことは以前にも述べたこともあり、それほど私には衝撃だったといっていい。ドイツの弦楽四重奏団がバンコックのドイツ文化会館（ゲーテ・インスティテュート）の広間で、シューベルトの曲を演奏したときのことである。

四方の窓が夜の闇に向かって広々と開け放たれており、南国特有の濃密な微風がそよぐなか、演奏ははじめられた。

しかし至近の距離で演奏されているのにかかわらず、音楽は蜃気楼の揺らぎにもにた遥かな幻のように聴こえた。音は音楽として結実することなく、響きの微粒子と化して浮遊し、西欧の芸術音楽としての意味性のすべてが、この暑く湿潤な大気のなかでことごとく剝奪されているように思えた。

となりに坐っていたピアニストが私の顔を覗きこむようにして、「なんか変じゃない」とささやいた。彼女もまた奇妙な違和感を覚えたのだった。

強靭な個性と論理によって構築され普遍化されてきた西洋音楽というものが、異なる風土にひしがれ、かくももろくその主体が変質しおぼろにされたことに、拭いがたい印象がもたらされた。まさに北の音楽に坐す神が、南の大地を治しめす神の熱い息吹に霧散するのを聴いたのである。

シューベルトの後に中庭で演奏された多彩な響きの打楽器を含むタイの民族音楽は、地の底を震わせるように渦をまいてわきあがり、無数のふくよかな触手が私の体と心を解きほぐすように感じられ、タイの民族音楽はタイという風土によってのみ生れ涵養されたという、まことにあたりまえというか当然の事実を合点せざるをえなかった。まさにタイの音楽には、この湿潤で暑く、独特の微香をふくむ大気が必須なのである。

あらゆる民族の基には固有の風土がある。

風土に揺籃されるようにして民族性というべきものが、言語が、そして芸術が生まれる。

もしかしたら私自身の感受性、美意識と信じ疑わざるものは、その実、日本の風土というたおやかな母の胞衣にくるまれており、細かにいえば二十歳まで過ごした宮城という風土の、疵のような独りの化生にすぎないのではないかと。

そう考えると何やら背筋の力が抜けるような気分におちいった。

風土は無意識の奥に鎮まる大いなる存在の一つである。

しかも風土の強靭さは私どもの魂に影もなく深く浸透しており、よほど眼をこらさないかぎり意識しえない。おのれの体内に親の濃厚な血が流れていることに気づかないのとおなじだ。

しかも風土にはしたたかな同化現象があり、異なる文化圏から移入された宗教、思想、音楽のような形のないものは、たちまちのうちに形骸化し混淆され、まったく異なる風貌へと変容する。

世界にはおびただしい様式の音楽がある。

民族固有の音楽、いわゆる民族音楽の種類にしてもどれほどあるのか知らないが、日本の伝統音楽や民謡も民族音楽の一種であり、民族音楽は永い時を経て継承し熟成されてきた民族の至宝だ。しかもそれぞれの民族音楽は、時代とともに複雑に交流し影響しあい、混血して、常に様態が変化してきた。雅楽や西洋音楽も多くの民族音楽が習合された総合的音楽なのである。

たとえばブラジルのサンバは四分の二拍子の激しいリズムで、全裸に近い女性たちが腰を激しくふりながら街をねり歩く。本当に世界には日本とまったく異なる文化があることに呆れるばかりだが、イタリアに二ヶ月ほど滞在していたおり、ブラジルから来た初老の穏やかな画家と知りあいになった。

よろずに控えめな彼が「サンバこそがブラジル人の血であり魂です」といったので、彼の風貌とサンバがどうしても結びつかずにいると、サンバのリズムは私の血を沸立せる、と重ねるようにいい、急に膝を叩いてサンバのリズムをとりはじめた。すると若い夫人が立ちあがり、しなやかに腰をふってリズムにあわせ、破顔した。

サンバはアフリカから連れて来られた奴隷たちの踊りと打楽器の音楽がもとになっている。やがて西洋音楽の要素が加わり、複雑なシンコペーションのリズムも加味されて、一九五〇年代にはジャズやロックの影響を受けたボサノバが生まれる。

仏教音楽の声明も本をたどれば発祥の地はインドである。

声明はお経に節をつけたものであり、仏教東漸の道をたどって中国に伝わり、やがて日本にもたらされた。ほぼ同時期にチベットにも移入されたので、チベット仏教の声明と日本の声明がよくにているのはそのためだ。

しかし日本に伝わった声明は独自の変容をとげ、この国のあらゆる伝統的な声楽曲の基礎になった。長唄、常磐津、新内から浄瑠璃、浪花節そして演歌にいたるまで、声明の影響を抜きにしては語れない。

しかし声明のルーツがインドにあるにしても、インド音楽と邦楽の優劣を較べることは何の意味もないだろうし、インドネシアの音楽と西洋音楽を較べるのも実にナンセンスだ。どちらがより優れ、劣るかなどということはありえない。

異なる価値観と美の観念、または宗教観の違いのある音楽を較べること自体が間違っている。これはあらゆる分野の音楽にもいえることで、演歌に較べてクラシック音楽がより高尚、などという自称教養人にありがちな勘違がまかり通るのもそのゆえだ。

世界には数えられないほど様々な様式の音楽があるからこそ、世界は豊かな響きに彩られているのである。

はなはだしい同化現象によって見事なほど換骨奪胎されたのが日本仏教だろう。まさしく湿潤温暖で四季が滞りなく周りくるこの国の温和な風土にからめとられたといってもいい。この国の創生からはじまる神道のアニミズムと分かちがたく結びついて、まことに日本的な宗教に変容した。

仏教と標榜しているものの、真言宗、日蓮宗、浄土宗、曹洞宗など主だった宗派の類似性を語るのは難しい。「煩悩即菩提」と愛欲を肯定する真言宗と、本来なら禁欲を厳守しひたすら座禅に打ちこむことを本分とする曹洞宗のどこに根本的な共通点を見出しえるだろう。

共通しているのは先祖供養の重視である。先祖を祀り位牌を供養するのは儒教の教えであり、いつの間にか日本仏教に紛れこみ、すべての宗派の主流になった。

いまでこそ葬式仏教などと揶揄されもするが、鎌倉期に至るまで死に触れることは最も忌むべき穢れであった。神社はいまでも親族が亡くなったあとの一定期間、建前上は参拝を許していない。

しかし、いつのころからか神道と仏教の棲み分けがなされ、神道は祭祀を仏教は先祖供養と葬儀を専らとするようになったが、死穢《しえ》を仏教がどのような理由で引き受けるようになったのか、そのあたりの経緯について私はよく知らない。

仏陀は神の存在や死後の世界については何ら述べてはおらず、思慮と経験の範疇をこえる問には口を閉ざした。仏陀はあくまでも理性によっておのれと世界を観た。理性によって解脱する法を説いたのである。

寂滅時に弟子たちに、

「私が死んでも墓など造るべきではなく、私の遺骨などをありがたがってはならない。ただ修行に励むべし」

と遺言した。

その戒めをことごとく破ったのが日本仏教である。

「釈迦という　いたづらものが世にいでて　おほくの人をまよわすかな」

と、一休禅師というたづらものが揶揄している。

仏教者は認めたがらないが、日本仏教は仏教の宗派ではない。仏教の影を曳いているものの、この国で生まれた独自の宗教なのである。

あらゆる民族の母体となる風土は大いなる自然の一部であり、森羅万象にはてなく連なっている。しかし地球というまことにささやかな天体に、これほど多様な風土と文化が存在することは驚異としかいいようがない。

一種類の種が各地に蒔かれ、芽生えるとまったく異なる植物に成長した、という神妙な不思議さがある。

音楽もまた同様の経過をたどって生まれたのだろうが、人はなぜ音楽を必要としたのだろうか。音楽が誕生した背後にある美意識というべきものが、どのようにして人類に生じたのか。

音楽の最初の一粒の種は、いつ、どこに蒔かれたのか、という論拠となる歴史的な事実はまったく存在しないし誰もしらない。数千年前の神殿跡から楽器が出土すれば、学者は、これは祭祀に用いられたと考えるだろうが、なぜ祭祀に音楽が用いられるようになったのか、なぜ神あるいは死者に音楽を捧げるようになったのか、すべて私には解らないことばかりだ。

稚いころ友人の母親が急逝し、近所のキリスト教の教会で告別式がおこなわれた。祭壇の前に献花台がおかれていて、私も遺影に向かって見よう見まねで花を捧げた。

そのとき子供ながらに素朴な疑問が芽生えた。

「なぜ死んだ人に花を捧げるのか」

死者に花を捧げることは、世界中で行われている習わしである。葬式では必ず花を手向け、仏壇に花を供え、墓参には献花が欠かせない。しかし、なぜ花を捧げるのだろう。

日本ではいつごろから死者に花を手向ける習わしが生じたのかしらないが、少なくとも今日では慣習化されており、誰も不思議には思わない。

ただし神道はいささか趣を異にする。神前に供えるのは常緑樹の榊で、花を供えることは少ない。これは神が憑代《よりしろ》とする神籬《ひもろぎ》の見立なのである。神籬というのは神を招き降ろすために清浄な場所に榊などの常緑樹を立て、周りを囲って神座《かみくら》としたもので、つまり神の降りる場所のことだ。

遺体を埋葬するようになったのはネアンデルタール人といわれる。

彼らは三万年から二万年程前に滅んだ現生人とは異なった系統に属する人類だった。ゆえに旧人類と称される。脳の容量は現世人よりも大きく、知能もほとんど変わらなかったらしい。

ネアンデルタール人は見事な石器を作っていたことは知られているが、どのような生活を送り、宗教と呼べるものが存在したのかということや、音楽や舞踊、絵画などの芸術的な活動があったのかなど、ほとんど解明されていない。論証となる出土品が余りに少ないからである。

しかし確実に判っていることは、彼らは人類で初めて死者を埋葬したということだ。ネアンデルタール人は十万年前にはすでに埋葬する風習があったといわれる。一九六〇年前後にニューヨークのコロンビア大学のセロッキという学者が、イラク北部のシャニダールの洞窟で、ネアンデルタール人の九体の亡骸が葬られた墓を発見した。埋葬されたのは六万年前と推測され、遺骨からはおびただしい量の花粉の化石が検出された。

遺体はヤグルマギク、ユリ、タチアオイなどの八種類の花で被われて埋葬されていたのである。セロッキ博士はネアンデルタール人が親族あるいは仲間の死を悼み、花を捧げたのだと考えた。ゆえにネアンデルタール人を「初めて花を愛した人」という敬愛の意味をこめて、ファースト・フラワー・ピープルと命名した。

ネアンデルタール人の屍に捧げられた草花は薬草にもなるものだった。薬草で遺体をおおい、あの世で故人が病気になっても困らぬように、薬となる草花を捧げたのかもしれない。

台湾で道教院の祭りを見物したことがある。舟形の山車が広場に曳きだされ火がつけられた。山車には生きた鶏や豚とともに黄色い紙銭の束がうずたかく積まれており、もうもうたる煙と炎が天に向かって立ちのぼった。

紙銭とは模造紙幣のことで、冥界にいる先祖の霊が金に不自由しないように煙に託して送るのである。あの世で煙は本物の金に変ると信じられており、唐以前から存続する風習であるといわれる。

ネアンデルタール人が薬草を捧げて、あの世で故人が癒されることを願った、と考えても不自然ではない。薬草の精霊が故人の霊とともに天に昇るのである。しかし薬草であるのを知って花を愛でるようになったのか、花を愛でて薬草であるのを知ったのか。

最も単純で納得のいく答えは、「花は美しい」からだ。

花を美しいと思わない人はいない。

「栄華をきわめたソロモンですら、この花の一つほどにも着飾ってはいなかった」というキリストの言葉は、万人が花を美しいと思う、という前提があるからだ。

花が美しいのは当然のことで、なんら疑問をはさむ余地のない自明のことだが、この問には答えがない。「花は美しいから美しいと感じる」としかいえないのである。

しかも花を美しいと感じる心と、音楽を美しいと感じる心にかわりはない。なぜ音楽は美しいのか、と問われてもだれもが返答に窮するであろう。私もそうであり、またもや美しいから美しいというよりすべはないのである。

もしネアンデルタール人が花を美しいと感じたのなら、朝焼けや夕霧、川面のきらめき、梢を渡る風の音、そして恋人の笑顔も美しいと感じたのに違いない、そして花を髪に挿し、花のネックレスを編み、願いをたくして恋人に花束を手渡したであろう。

可憐な花を愛で、その香しい匂いを胸一杯に吸い、花の精霊、あるいは気というものと感応するということは、いまも何ら不思議なことではない。

生花の極意とは、花の心のおのずからおもむくところに生ける、ということだそうで、それは花との感応によって初めてなしえるものであろう。

もしネアンデルタール人が花を愛で、髪に挿し、ネックレスや腕輪のようにして身に纏ったなら、それは花と感応する意図があったのではないか。その精霊を心に呼びこむという気持ちがあったのではないか。

そして花の醸す密やかな慈愛のごとき、少々軽薄ないいかたをすれば、いわゆるピースフルな霊気、あるいはオーラに満たされるためだったのではないかと。

そう考えると、彼らが死者に花を捧げた心情も理解しえる。つまりネアンデルタール人は花を捧げることによって、死者の魂が平和な霊気に包まれることを願ったのであろうと。


もしもこの考えがさほど的を離れていないならば、そのような感覚は幾万年の時を経て、今日に至るも何も変らず脈々と受け継がれている。まさに奇跡としかいいようがないが、ただ花を捧げる真の意味を忘れたのにすぎない。

ネアンデルタール人は花と感応することによって、はじめて「花は美しい」という感覚をえたのではないか。花と一体化することによって世界は啓かれ、この宇宙の、そして人間の存在の霊妙さを知ったのであろう。

しかし彼らはなぜ花を美しいと感じるようになったのか。

彼らが花を美しいと感じるきっかけは、はたして何ごとによるものか。

奥新川《おくにっかわ》は宮城と山形の境にある。

仙台から列車で四十分余り、森のなかに一筋の清らかな谷川が流れていて、下流の河原は広く夏には清涼な風が吹きぬけた。穏やかで明媚な峡谷に子供のころから幾度となくキャンプやハイキングを楽しんだ。これといった景観はないからか当時は訪ねる人も少なく人声も稀で、夜は真闇になった。

東京の大学に入り東京に住まいを定めてからは、郷里の仙台に還る機会がまるでなくなってしまった。親も東京に移住したからだ。たまたま仙台に行かねばならぬ急の用事ができたので、二十数年ぶりに晩秋の郷里の地を踏んだ。用は午前中に終える手はずになっていたので、天気がよければ奥新川を訪ねるつもりでいた。美しい紅葉を観た記憶があるからだ。そして渓谷の風景を楽しむのもこれが最後だろうと思えた。

誰にでも忘れがたい場所の一つや二つはある。私にとって奥新川はそのようなところだ。

こんなことがあった。

高校生の時分、盛夏に友人らと奥新川にキャンプに来て、四人用テント二帳を河原とやや小高い藪の中に張った。出かけるのが遅かったので炊事場などの設営を終えると夜になってしまい、それから煮炊きし寝についたのはずいぶん遅くなってからだ。

私は河原のテントに寝ていた。異変に気づいたのは真夜中だった。異様な音にふと目覚めると、それは暴風雨としかいいようのない大粒の雨がテントを叩きつける音だった。テントの裾が風にあおられ渓流は瞬く間に溢れ浸水してきた。すぐに身のまわりのものだけをリュックに押しこんで藪のテントに避難した。

やがてさっきまで寝ていたテントが崩れるように闇に消えるのが見えた。ずぶ濡れで寒気に震えながら呆然とするばかりだった。

空が明るくなるにつれ小雨になり濃霧が立ちこめた。流されたテントは流木に引っかかっているのが見つかった。しかし使い物にならない。帆布で縫製されたテントは水を含むと設営できないほど重くなり、天日で充分に乾かし防水しなければならず、やむなく撤収せざるをえなかった。

遭難するほどの危険に遭ったわけではない。恐ろしさもなかったが、自然が一瞬のうちに変貌したことに異様な高揚感を覚えた。通いなれたといっていい穏やかな渓流が、いままで見せたことのない凶暴な表情を顕わにしたのである。恋人の優しい笑顔が突如般若に変じたような驚きがあった。

闇の中に濁流が渦巻くのを観るうちに、心の奥に閉じこめられた獰猛な何ものかが、濁流の勢いが増すのに呼応して焔立つように感じられた。自然の荒々しい本性が私の魂を共鳴させ何ごとかを目覚めさせたのである。

私に生じた見知らぬ感情は怒りにも似た疼きのように思え、腹の底からこみあげてくる得体のしれない塊は私を戸惑わせた。もしそれが解き放たれれば理性を失いかねない恐怖があった。しかも目の前で起きている自然現象に畏怖すら覚えていた。

私は自分を知らなすぎる、と思った。精神的な脆弱さも危ぶんだ。覚えのない不可解な感情の正体がわからず動揺したからだ、しかし風と雨と激流の音、漆黒の闇に魂が惹寄せられるような気配を感じていたのである。

自然は実に酷薄だ。彼らの思惑に人間の存在など勘定に入っていない。彼らは私どものために存在するものではないからである。それが宇宙の理というべきものだ。人間も自然の一部であり無窮の宇宙に包含される万有の一つにすぎぬ。まさに微塵のごときでしかないが、それを自覚したところでどれほどの意味もない。自己という存在の撞着に陥るばかりだ。

自然は永劫に循環しすべては何ごとも無きかのように過ぎ去る。

考えてみると一切が久遠の過去より悠久の未来に流れ去るということは驚くべきこと

だ。ただし私どもは無始無終という無限の時空をいかようにも知覚しえない。

人は目線の高さでのみ自己を観、世界を判じるよりほかはないからである。身丈が大小を測る基準であり、目に映る日常茶飯の風景がそのまま時空と世界のすべてなのである。

私がなぜ感動したのかわからない。何ごとに畏怖したのかもしらない。何かのはずみで大いなるものと内なるものの境が瞬時切れたとしかいいようがないのである。

それ以来同様の感情が兆したことはないが、胸を押し広げ突上げる何ものかが、いまも私のどこかに潜んでいることに不思議な感慨がある。

奥新川は見事な錦繍に彩られていた。

微風のそよぐ渓谷をゆっくりと歩み、思わず立止まっては紅葉の美しさに三嘆した。渓谷に続く小径に分け入り黄金の光輝を放つ紅葉のなかをたどると、枝葉の透間から蒼天の藍青の光がこぼれ落ちた。

この霊妙としかいえない風景に身を委ねていると、私の魂がほのかな微光を放つ自然の一部と化し溶けこむように思えた。人も獣も植物も、そして地球も、この悠久無限なる宇宙の懐にあり、相互に脈絡なく無縁に繁盛してきたのではない。植物は細菌から変化《へんげ》し獣は魚から変化し、人は獣から変化した。あらゆる存在の基根は一つに結ばれており、人とは万有の多重の影にまみれた生き物であることにあらためて思い至る。

小径を歩いていると紅葉が敷きつめられた千坪ばかりの野原に出た。野原の真中に銀杏の古木が天を指して屹立している。日は沖天にあり樹は四肢を拡げ金色の炎を燃え上がらせた。

ふと何かの気配を覚えると、野原の奥から風が吹きわたってきて、つむじ風のように私にまとわりついた。一瞬周囲が見えなくなるほど木葉が舞い上がり、まるですべての樹々の葉が天空の一点に向かって沸立つように感じられた。

風はすぐにおさまり、吹き上げられた黄や赤の木葉が円を描いてきらめくように天から降りそそぐ。

不意に見知らぬ感動がやってきた。

もはやこの地を再び訪れることはないだろうし、この峡谷の自然が黄昏に還る厳粛な美に巡りあう機会はないだろう。私には秋の女神が私を憐れんだ惜別の辞ではないかと思えた。彼女の錦繍の打掛が別離を惜んで翻《ひるがえ》されたのである。

いかにも感傷的な感慨でしかないが、天地の間に不可思議な力が働いたように思え、自然の深奥の静謐が私の魂に満たされるのを感じた。

ふと思った。

この錦秋の光景は私を待ちうけていたのではないか、あるいは用意されていたのではないかと。私がこの光景に触れ何ごとかを悟らせるために、久遠の過去よりすでに私がここに在ることは、決められていたのではないか。

そしていま、森羅万象の悠久に鎮まる、清浄にして真澄に澄んだ大いなる気流というべきものが、私の頭を撫で魂に触れたのである。そうとしか考えられなかった。私の魂が何ごとかに感応し、言葉では説明しえぬ覚醒をもたらしたからである。

もしかしたら我らの太古の祖先も、このようにして浄らかな気流というべきものに触れ、魂の窓が開かれたのではないか。そして花の美しさを知ったのではないか。

しかし偶然なる覚醒ではない。魂を醸すために気の遠くなるような歳月をかけて、感応という光を彼らが等しく享けるべく用意されていたのである。享ける側も意識を拡げ向上するという進化の階梯にあらねばならず、彼らがこの世に現れ、花を美しいと感じるに至る久遠のごとき時間は、まさに感応をうるためのものではないか。

魂の内圧が何ものかによって徐々に昂り、ついに潮のように満ち、異なる次元の窓が闇を払うように開かれたのである。花のうるわしさに魂が照応し、震える指先で花びらに触れたそのとき、天は一瞬どよめいたのに相違ない。

感応とは無窮の宇宙と人を繋ぎ何ごとかを悟らしめる一つの道であり、人類は美しさ、うるわしさを知ることによって、人ははじめて人たりえたのではないか。

美しさを知ることによって、人としての真の進化を遂げたのでないか。

美しさを知ることによって、生の儚さも死の冷酷さも、愛することの切なさも知ったのではないか。そして死者に花を捧げたのだ。

漢書に「大音は必ず稀なり」という言葉がある。まことに大きな音あるいは美しい音楽は、耳を傾けねば聴きとれないほど微《かす》かだ、というのである。老子も「これを聴けども聞こえず、名づけて稀という」と言った。

肉耳には聴こえず魂の耳のみが聴きえる宇宙盈満《えいまん》の音とは何か。それは三千世界に響きあう森羅万象の声であり、真澄に澄んだ気流の正体なのではないか。

ことごとくの芸術家は、霊感という曰く言い難い怪しい何かが心に兆し、魂が震える経験をしている。これが感であり、感を具現化する魂の昂揚が応なのだ。

天地ノ間コレ感ト応ノミ、という古人の言葉の意味するところを、まことの芸術家は肯うに違いない。

天地には永劫の時を超えた清浄無垢なる声が、大らかに鳴り響いているのだろう。そして絶えず私どもの魂を震わせているのに違いない。

それは人の魂を浄化する幾億兆の銀河の歌であり、神々の音楽なのである。

覚者とは、その大いなる無音の歌に、耳を澄ましえるものをいうのであろう。

私は奇霊《くしび》の念にうたれながら、銀杏の古木を眺めた。

金色の葉がはらはらと舞落ち、静かな時が積り重っていく。

無音の風音が耳を洗う。


――花はなぜ美しい。

あとがき

ある音楽祭で私のバイオリン協奏曲の手書きの楽譜が展示されました。

「佐藤さんはオーケストラ曲の楽譜も手で書くのですか」

四十段に近い五線紙に、細かなレース編みのように書かれたバイオリン協奏曲の楽譜を見て、若い作曲家たちはあきれた声を出し、まるで前世紀の遺物を観るような目で私を見ました。パソコンで作曲し譜面を作り印刷するのは、いまや常識だからです。そのうえこの機械は仕上げた曲を演奏すらしてくれます。

私のように一音一音ピアノで確かめ、五線に手書きで記譜する作曲家はもはや希少に属するのに違いありません。

私どもは実に奇妙な時代に住まっています。

いつの間にか気づかぬうちに、コンピューターという機械が人間のあらゆる活動の中心に鎮座し、ことごとくを差配するようになりました。この機械を打ち捨てることはもはや誰にもなしえないし、その支配からも逃れえません。しかもこの安直な利便性に人はなじみすぎました。

テレビドラマや映画の音楽のほとんどがパソコンとシンセサイザーによって作られるといわれ、ぼんやり聞いていると本物のオーケストラと変わらぬように聞こえてきます。

たとえばバイオリニストやピアニストが一人前になるのには二十年近い修練が必要ですが、音楽の基礎的な知識さえあれば誰もがパソコンで自在にバッハやショパンを演奏できます。演奏家が練習に練習を重ねてようやくものにしえる超絶技巧的なパッセージですら何の造作もありません。

パソコンの演奏機能はまだ途上にあります。ことに音色です。どうもこの機械は、絃と弓がこすれる雑音のような音色は計算しにくいようです。しかし弦楽器にはこの雑音がうみだす複雑な倍音が必須なのです。それによってふくよかで美しい音色が醸されるからです。

近い将来これが音楽家の耳ですら聞き分けられないほど十全になったとき、演奏家の存在意義が問われるのに違いありません。同時に、音楽という人間の根本的な精神活動が、いまとは異なる道を歩みはじめることを意味します。それはまた作曲という行為にも深甚な影響を及ぼすでしょう。

このような易々たる簡便性によって、何を獲得し何を喪失したのかを、一度立止まり考え、その軽重を量る必要があります。

私どもはそのとば口に立っているのです。


詩人の池田康さんにおあいしたのは、池田さんが編集出版なされていた詩と音楽の雑誌「洪水」に、私の特集が組まれたときです。特集名が「佐藤聰明の一大音」というもので、静寂をうつろうがごとき私の音楽の奥底に鳴り響く、大いなる響きを聴き取ってくださったのだな、と池田さんの微妙鋭敏な耳に感嘆しました。

それから十年近くがたち、ここに収められた文章は「洪水」誌に寄稿したものに加筆訂正したのがほとんどです。もし池田さんにおあいしなければこのような文章を書く機会に恵まれず、この本はありえなかったでしょう。

ところが困ったことに池田さんは無類の聴き上手で、寡黙で穏やかな慈眼を前にすると言わずもがなのことを滔々と話すはめに陥ることです。あとで身が細るような気持ちになりますが、話すうちに音楽や芸術においていままで考えもしなかったことのヒントが与えられたのも度々でした。この随筆集も池田さんとの会話で気づいた多くのことが核にあります。

あらためて池田康さんにお礼申します。

燈台ライブラリ　4

幻花　——音楽の生まれる場所

著者………佐藤聰明

発行日……2020年12月1日
発行者……池田康
発行………洪水企画
〒254-0914 神奈川県平塚市高村 203-12-402
TEL&FAX 0463-79-8158
http://www.kozui.net/
装幀………巖谷純介
印刷………モリモト印刷株式会社
ISBN978-4-909385-21-5

Printed in Japan